播音主持语音与发声艺术研究

刘晓龙　　陈怡霏◎著

吉林出版集团股份有限公司

全国百佳图书出版单位

图书在版编目（CIP）数据

播音主持语音与发声艺术研究 / 刘晓龙 , 陈怡霏著 .

长春 : 吉林出版集团股份有限公司 , 2025.1 . -- ISBN
978-7-5731-5710-2

Ⅰ . G222.2

中国国家版本馆 CIP 数据核字第 2024TF6726 号

播音主持语音与发声艺术研究

BOYIN ZHUCHI YUYIN YU FASHENG YISHU YANJIU

著　　者	刘晓龙　陈怡霏	
责任编辑	关锡汉	
封面设计	李文文	
开　　本	710mm×1000mm	1/16
字　　数	203 千	
印　　张	11.5	
版　　次	2025 年 1 月第 1 版	
印　　次	2025 年 4 月第 2 次印刷	
印　　刷	天津和萱印刷有限公司	

出　　版	吉林出版集团股份有限公司
发　　行	吉林出版集团股份有限公司
地　　址	吉林省长春市福祉大路 5788 号
邮　　编	130000
电　　话	0431-81629968
邮　　箱	11915286@qq.com
书　　号	978-7-5731-5710-2
定　　价	72.00 元

前 言

播音主持是创作，正确用声是正确创作的一个重要组成部分。声音是一个广义的概念，包括播音主持者的嗓音条件如何、吐字清楚与否、语音是否标准等。这些都有一定的要求，是职业标准的问题，更深层次的要求还关系到审美问题。声音是播音主持者整体形象的一个重要组成部分，要讲究有声语言的美感，除了内容的有效性外，还要给观众以美的享受和欣赏。

播音主持语音及发声的研究涉及物理学、生理学、语言学等诸多学科，播音主持发声的"声"是指规范化、艺术化的有声语言，本书能使播音主持者知其然，又知其所以然，掌握基本的发声技能，改进声音素质，以适应语言表达的需要，通过系统、科学的训练，提高有声语言的清晰度、穿透力，使声音更加优美动听。

中国历史悠久，文化传承源远流长。中华民族的性格刚正不阿、坚韧不拔，这造就了播音主持的中国作风、中国气派，那就是"大家风范"。提倡的用声状态是：男声阳刚沉稳，女声端庄柔美。声音的"庄重性"会使我们获得更大的创作空间，得到稳健、可信、权威、自尊及其"寓庄于谐"的表达效果。

本书从不同方面来阐述播音主持语音与发声艺术。第一章为播音主持中语音与发声艺术的概述，主要介绍了播音主持中语音的形成、播音主持发声艺术的基本知识、播音主持的艺术风格与功能三个方面的内容；第二章为播音主持中语音的基础内容，从普通话语音、辅音和声母、元音和韵母、声调、语流音变五个方面展开论述；第三章为播音主持中语音的训练，主要讲述了声母训练、韵母训练、声调训练三个方面的内容；第四章为播音主持发声艺术的训练，主要讲述了呼吸控制训练、口腔控制训练、喉部控制训练、共鸣控制训练、声音弹性训练五个方面；第五章为播音主持艺术的发展与创新，论述了播音主持艺术专业的新定位、播音主持艺术的发展途径、新媒体环境下播音主持艺术的创新策略、播音主持专业人才培养模式的转变四个方面的内容。

在撰写本书的过程中，作者得到了许多专家、学者的帮助和指导，参考了大量的学术文献，在此表示真诚的感谢。但由于作者水平有限，书中难免会有疏漏之处，希望广大同行及读者指正。

目 录

第一章 播音主持中语音与发声艺术的概述

想要做好播音主持，就要先了解语音与发声的属性以及其艺术表现。本章为播音主持中语音与发声艺术的概述，主要介绍了播音主持中语音的形成、播音主持发声艺术的基本知识、播音主持的艺术风格与功能三个方面的内容。

第一节 播音主持中语音的形成

一、声波的相关概念

（一）声源和声波

声音的传播需要两个重要条件：一个是声源，即通过振动从而发出声音的物体；另一个是介质，是声音传播的媒介物质。声源的振动引起空气的振动，由此产生的振动波就是声波。声波传入人耳，使得鼓膜也产生同样的振动，人因此就听见了声音。

（二）振幅和频率

振幅是空气质点离开平衡位置时的最大偏移量，就是声音质点的振动幅度，其决定着声音的强弱。空气质点振幅大，声音就强；振幅小，声音就弱。振幅和语音四要素之一的音强有关。振幅单位是分贝（dB）。

频率是声波每秒振动的周期次数。声波振动的周期短，波长也就相应短，振动的速度自然就快、次数就多，听起来声音就高。频率和语音四要素之一的音高有关。频率单位是赫兹（Hz）。人耳所能听到的声音频率为20~20 000Hz。男性的声音频率一般为80~200Hz，女性则可高达400Hz。音高和发音体形状以及振动频率有关，一般来说，男性的声音相对低沉，声带相对厚而长，而女性的声音相对高亮，声带相对薄而短。声带越厚越长，振动频率越低，声音越低沉，而声带越薄越短，振动频率越高，声音也就越高。

（三）基音和泛音

声音大多是由许多频率不同的纯音复合构成的，其中频率最低、振幅最大的叫作基音，而频率是基音整数倍的则称为泛音。人的声音不是简单的一个固定频率，而是基音和泛音的叠加，可以这样理解，基音决定音高，泛音决定音色，泛音越丰富，声音越饱满。要想获得丰富的泛音、饱满的音色，则需要学习共鸣控制，共鸣可以大大改变泛音的构成。

二、语音的发音机制

（一）语音来源

语音有三种来源，即浊音声源、紊音声源和瞬音声源。

1. 浊音声源

气流通过声门时使声带振动，产生周期性声波，就是浊音。浊音最为响亮，是语音中最为重要的声源之一。元音和浊辅音属于浊音声源，如 a、o、m、n 等。

2. 紊音声源

发音器官的某个部分紧缩成狭窄的通路，气流通过时形成紊乱的湍流，就是紊音。擦音属于紊音声源，如 f、s、sh、h 等。

3. 瞬音声源

发音器官的某个部分紧缩到完全不让气流通过，使气流产生较强的压力后突然放开，气流瞬时冲出去，产生一种非常短暂的瞬时爆破音，就是瞬音，也叫暂音。塞音和塞擦音爆破属于瞬音声源，如 b、p、z、zh 等。

（二）发音器官

1. 呼吸系统

呼吸系统是语音的动力基础。呼吸时，肺部所产生的气流作为动力冲击声带，使声带发生振动从而发出声音。肋间肌收缩使肋骨上升，同时横膈膜下降、胸腔空间扩大，肺也随之扩张产生吸气力，反之则产生呼气力。呼气量的大小和语音的强弱密切相关，音强取决于振幅，振幅大小和发音时用力大小有关，而用力则与呼气相关。为了使声音发得响亮，便需要从气息调节开始。肺部对语音所起的作用仅限于此，即提供呼吸的动力。

2. 成音系统

喉头和声带构成成音系统。喉头主要由环状软骨、杓状软骨、甲状软骨，以及与其相连的肌肉和韧带组成。环状软骨是喉头的基础软骨，在最下面，上接甲状软骨与杓状软骨，下接气管。甲状软骨形如"V"形盾甲，构成喉头前壁，一般男性呈 50°～90°，即为喉结，女性呈 80°～110°。两块杓状软骨前端连着两片声带，底面连于环状软骨后上部，对声门的开合起关键作用。会厌软骨如同一片树叶盖住喉头，吞咽时舌骨下压推动会厌软骨挡住喉头通路以防食物进入喉头或气管，呼吸或说话时会厌软骨打开使得气流畅通。声带是一对唇形的韧带褶，处于喉头的中间。假声带位于声带的上面，在声带振动时对声带起保护作用，如图 1-1-1 所示。

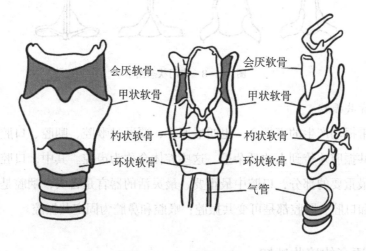

图 1-1-1　喉部解剖图示

声带的一端合并附在甲状软骨上固定不动，另一端分别附在两块杓状软骨上，平时分开呈"V"形，当中的空隙叫声门。发声时，两块杓状软骨靠拢，使得声带合并、声门关闭，肺部呼出的气流被隔断从而形成压力冲开声带，声带由此不断振动产生声音，如图 1-1-2 所示。

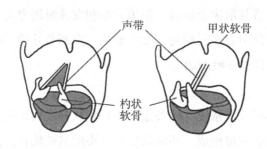

图 1-1-2　喉头状态图示

在正常呼吸时，声门是敞开的；深呼吸时，声门大开；耳语时，声带基本闭合。两块杓状软骨之间形成三角形的空隙，称为气声门，声音从这里擦出。歌唱时的气声唱法也是同样的原理，如图 1-1-3 所示。

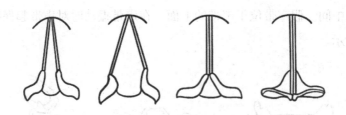

图 1-1-3　声门状态图示

3. 语音共振腔

由声带振动产生的声带音，也叫喉原音，要通过喉腔、咽腔、口腔、唇腔和鼻腔五个共振腔才传到人的耳朵里。这些腔体合称为声腔。其中，口腔是人类发音器官中最重要的部分，口腔中最重要、最灵活的器官是舌头；咽腔是人类所特有的，其和口腔、唇腔都是可变共振腔；喉腔和鼻腔为固定共振腔。

三、语音的接收感知

（一）人耳的构造

人的耳朵可以分为外耳、中耳和内耳三大部分。外耳包括耳郭、耳道、鼓膜等；中耳主要包括听小骨和咽鼓管，其中听小骨由锤骨、砧骨和镫骨三块组成，咽鼓管起着和外界空气沟通、调节气压的作用；内耳由半规管、前庭以及耳蜗组成，其中半规管起着调节身体平衡的作用，与听觉无关。

鼓膜由于声波的振动而产生共振，振动推动锤骨，锤骨推动砧骨，砧骨推动镫骨，镫骨的底板覆盖在内耳入口的一小块薄膜，即前庭窗上，三块听小骨的杠杆作用使得前庭窗压力增大，内耳受到了更大的振动，由此提高了人类的听觉能力。前庭窗后与耳蜗相连，受到振动后，耳蜗里的淋巴液产生变化影响基底膜，基底膜上的毛细胞以不同的弯曲方式刺激着听神经纤维，神经细胞产生的电化学脉冲沿着听神经传送至大脑，人类即可感知语音的意义，如图1-1-4所示。

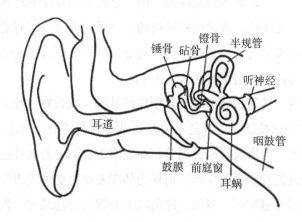

图 1-1-4 人耳构造图示

（二）语音的反馈

人类识别语音的能力是和发音能力密切相关的，多数聋哑人不能开口说话是由于听不见导致的。在人发出声音的过程中，大脑指令发音器官发出的声音被自己的听觉器官接收，并重新传送回大脑的循环过程就是声音的反馈。

对于学习播音与主持艺术而言，反馈力是一项非常重要的能力，其物理条件是语音声波返回耳膜，生理条件是发音器官动作产生内传导，除此之外，对语音的敏锐感知和分辨更为重要。学习语音发声就是要学会分辨正确的和错误的音，尤其对于自己发不到位或发不正确的音，不但要能识别，还要找准发音位置和方法，使其发音正确。

第二节　播音主持发声艺术的基本知识

一、播音主持发声艺术的基础

　　语言是人类交际的工具，从事播音主持语言表达的艺术家应该在忠实于生活语言的基础上，对书面语言或对自己的腹稿、提纲进行二次创作，从无声的变为有声的，从文字变为口头。播音主持无论是内容的体现，情感的抒发，还是语音的生动、鲜明、准确等，都要有一定的艺术效果和社会作用，要能激发人们的情感、激动人们的心弦，以此达到交际的目的。这就要求在深刻理解作品内容的基础上，根据需要，运用语言表达的各种技巧，对书面语言进行有意识的加工、处理。语言艺术的含义是把书面语言变为经过加工的口头语言，它不是简单地传达语言，而是表达语言，再创作的意义就在于此。

　　作为负载内容、传递情感的嗓音是创作的基础。嗓音好、吐字清楚是语言艺术家应该掌握的基础技能。语言艺术的形式是多种多样的：辩论、演讲、主持、朗诵、朗读、播音、电影及话剧台词等，在发声上它们是有共性的。语言艺术是一门内容丰富、技艺性很强的学问，而作为体现基础技能的发声学更是如此。它好比盖楼，地基打得越牢固、越深，地面以上的部分就越结实。发声的学习与应用就是打基础，只有基础好，今后的创作才会得心应手。

　　发声的理论固然重要，它的实践性更强。技能的掌握不是轻而易举的，是经过刻苦努力、勤奋学习锻炼出来的，没有捷径可走。学习、训练发声不能"三天打鱼，两天晒网"，根基一定要打好。对于发声技巧，必须苦学苦练，有一句顺口溜说："一天不练口齿慢，两天不练减一半，三天不练门外汉，四天不练瞪眼看。"学习艺术就是这种规律，它是毫不留情的，幻想一蹴而就成为一流的播音主持艺术家是不可能的。语言表达离开发声技巧、方法就谈不上任何表现力，但是技巧又只有在表达作品的思想内容时才能发挥作用。因此，既要重视技巧的训练，同时也要注意全面地提高艺术修养。

　　音质的好坏在任何时候都是先于有声语言的具体内容，而被听众和观众感知。有的从事播音主持艺术、语言表达艺术的工作者，在有声语言的创作中，往往有力不从心的感觉：他们或有气无力，或嗓音不听使唤，或在发声上感到别扭，或让听众感到音色暗、哑、沙、干、尖，或是声音有明显的鼻化，以及用声上的呢挤、压抻，这些都会形成对听众、观众的干扰。这些现象都和发声方法以及对普通话语音的掌握、运用有关。既然有声语言的表达是通过声音来体现的，那么，"工欲善其事，必先利其器"①。

播音艺术上的成熟是有过程的。首先，要将文字稿件准确、清楚、完整地表达出来，这时候发声器官也许是不自如的；其次，用比较熟练地掌握和运用吐字归音的技巧，以及用科学的发声方法去表达内容；最后，经过多年的实践，逐步能够运用各种技巧深入表达稿件的思想感情，使受众获得思想收益和艺术享受。如果达到这一步，应该说他已经步入艺术的自由境界了。在这几个阶段中，显然包括了发声方法和吐字归音的训练。这时候的语气表达，气息通畅，声音圆润，吐字清晰，语言逻辑严谨，形象准确、鲜明、生动，技巧运用自如，感情真挚动人，成为各种因素融为一个整体的真实的语言艺术。在各种因素中，声音（包括气息、共鸣、音质）及吐字是重要的因素和表现手段。缺少这方面的条件，音色再优美，也将由于发声方法不够科学、吐字含混不清而不能很好地发挥作用，同时声音也会缺乏耐力，得不到较强、较全面的表达能力。因此，嗓音圆润、明亮、甜美，色彩变化丰富，吐字饱满有力，普通话语音标准，是播音主持发声艺术应具备的基本技能。

艺术语言来自生活语言，但又不等同于自然的生活语言。艺术语言的文字结构比口语严谨复杂，感情变化多而细致。有声语言负载量大、信息量大，一般都在限定时间内完成，严禁拉腔、重复、空白。因此，播音主持艺术语言是经过加工提炼的，比生活语言准确、优美。为此，在表达时，在不破坏声音的条件之下，做到吐字清楚，音色优美，充满活力和感染力。要达到这样完美的表达效果，即使是天生的一副好嗓子，不经过锻炼，也是很难胜任的。

要想声音优美、吐字清楚，这就有一个声音和吐字结合的问题。吐字既与生活中的吐字相似，保持说话时唇、齿、舌、牙、腭各发音部位的基本形式，但又有所不同。比如有的人平时说话时发每个字的辅音成阻和除阻的力量都很小，整个字音听着就含混；有的人声腔松弛，元音的发音听着不亮不脆，显得很干、很散。而在播音主持艺术语言的表达中，对辅音部位就要求准确，要有力地弹出；

---

① 张英沛. 汉语成语词典 [M]. 呼和浩特：内蒙古大学出版社，2002.

对元音要求口腔有一定的空间，运用好共鸣，使元音发得更圆润，这就要对口腔进行控制。而生活中的发音状态，则无须这样讲究。所以说，从事播音主持艺术语言的表达不能满足于停留在朴素本色这一原始语言的水平上，要挖掘语言的潜力，探求科学的发声方法，使之成为经过加工、美化的口语语体，要讲究语言的美感，给听众、观众以美的享受。

发声语言对话剧、电影之外的语言艺术家来说，更是主要创作手段，听众、观众多从听觉来感受其中的内容。话剧、电影除了有声语言之外，还可借助于形体、灯光、道具、布景等使创作手段更丰富多样，即使语言的达意差一点，也可以通过别的手段得到弥补。播音主持发声艺术则不同，除了有一些简单肢体语言作为辅助外，最主要依靠的是一个灵敏度较高的话筒。在话筒前，声音的色彩，语言的清晰度、准确性以及一些细微的变化，会体现得淋漓尽致。另外，由于传播方式的特点，在传播的过程中，声音混入噪音或受到干扰，会削弱语言的清晰度，因此对声音的明亮度、吐字的清晰度就更要有一个较高的要求。

由于稿件内容多种多样、风格各异，作品形式五花八门、丰富多彩，语言环境也有场地大小，听众、观众的多寡，气氛条件的不同，这些因素对从事播音主持艺术的人在音量的大小、音调的高低升降、声音的色彩等方面的要求，都有变化多、幅度大、适应能力强的问题。没有较宽而结实的嗓音，没有熟练的用声技巧是不能胜任的。

另外，由于从事播音艺术工作者的特殊的工作性质，因此要求发音、吐字必须准确，带有一定的示范作用。它必须遵守社会约定俗成的标准符号系统的各种规则。语言要高度规范，要摒弃地方语音，做到语音纯正、准确。

语言是人们交流思想的工具，也是人们进行社会生产和社会生活的手段。

凡是艺术语言都在使用全国通用语言，实际上也是向听众、观众作普通话语音的口头示范。如果普通话语音不标准，势必会给听众、观众的语言与思维的发展带来影响，还可能贻误听众、观众。语音不规范，就像乐曲的音调不准一样，形象地说，播音艺术家也应该成为语言音乐家。

有的语言学家，根据信息论的观点，主张把语言学改为交通学。他们认为通用的民族共同语是构成思想、知识、经验、感情等精神传输的交通体系，它要求准确、完整、先进。播音员、主持人的语言状态不应该在普通话这个交通运输体系中使艺术、知识、信息等的传播受到阻碍，而应该使自己的语音正确、纯洁、优美，足以成为听众、观众的榜样。

所以说，播音主持发声艺术要求工作者应该了解和掌握发声原理，并具有一定的普通话语音学方面的知识，在不同程度上掌握高超的技艺，如运用胸腹联合式的呼吸法，明亮、圆润、持久、饱满、舒畅地发声，讲究吐字归音等，都是应该学习和研究的。不仅要从生理机能状态上去感受它，还应该从发音原理上去认识它。对于从事播音主持艺术的人来说，必须经过一定时间的专门学习和锻炼，以便形成、发展和自觉掌握发声艺术表达的能力。只有通过学习具备了这种能力，才能自如地运用声音技巧来满足表达思想感情的需要。如果把创作有声作品比作画一幅画，那么嗓音与吐字就是画笔和颜色，用它们来描绘出幽静的"小桥流水"或气势磅礴的"高山飞瀑"。

二、播音主持发声艺术的原则及学习方法

（一）发声的原则

播音主持发声艺术与歌唱、戏曲、曲艺等艺术的发声有相同的一面，都是以嗓音作为创作的主要手段。嗓音要有特色，有一定的音域，不能使用纯自然的用气方法，要讲究声音的集中、打远。声腔、头腔、胸腔要使用共鸣，以加强声音的宽度、亮度，使声音在一定范围内得到美化与提高。

以下为播音主持发声艺术发声的要点：

第一，以嗓音为主的劳动，嗓音要求甜美、持久、纯正。

第二，由于语言要富有生活色彩，所以用声范围在活声区以内，以本色的实声为主。

第三，字音在口腔前部形成并集中，出字短促、频率大，音节没有延长音，字音的清晰度要超过声音的响度。

第四，以口腔共鸣为主，口腔前部，尤其唇部、舌部要有一定的力度，不能过于松弛，故决定了喉部的声带相对有一定负担。

第五，有控制的气息，时时调节字音流的发出，气息的深度不必过深，但不能用胸式呼吸。

播音主持发声艺术与生活中的口语及其他艺术语言发声相比，由于声音的传递手段不同，播讲者的身份、状态不同，受众的审美要求不同，因此也具有自己的特点：以实声为主的虚实结合，声音清晰圆润；声音变化幅度不大，但层次丰富，表情达意准确；接近口语用声，状态松弛、自如，声音流畅，如行云流水。

播音员、节目主持人是以有声语言为表达手段的广播电视新闻工作者，有声语言是播音员、节目主持人依据稿件、提纲或腹稿，通过认识理解传情达意进行再创作，并确立自身形象的唯一手段。发声是播音员、节目主持人的一项基本功，会直接影响节目的质量。在学习、练习阶段，播音员、节目主持人要学会客观地认识、评价自己的声音，学会驾驭自己的声音，使之成为得心应手的创作手段。错误的用声方法不但影响节目的质量，甚至会影响播音员、节目主持人自身的播音主持生涯。因此，以科学的理论指导实践、勤于磨炼、扎实地掌握用声技巧是作为一个合格的播音员、节目主持人的必要条件。

播音主持是新闻工作的一个组成部分，新闻的真实性、准确性要求播音员、主持人用声一般应该在自然音域内，中声区偏低的部分运用较多，音色要大方、明朗、干净，艺术夸张、装饰较少，很少使用假声。播音主持时要求播音员庄重、大气、沉稳。

在收听广播或收看电视时，如果播音员、主持人的基本功过硬，用声状态好，即使在接收时听到嘈杂的干扰信号，仍可以清晰地听到播音员、主持人播讲（主持）的内容，收到的信息基本准确。播音主持是通过传输设备利用电波进行传递的，要求播音员、主持人的声音集中均匀，对比适度，纯净度高，音高、音强的变化不宜太大，但是在其他声音背景中应具有较强的穿透力（因为在传播过程中不可避免有其他因素的干扰，所以声音要具有较强的穿透力，就是要做到声音集中到口腔中央的三分之一）。

由于播音主持语言信息负载密度大，受众的层次不同，收听、收看的环境各异，这就要求播音主持艺术发声吐字清晰、准确，同时圆润、流畅，声音要宽松、集中。

播音主持发声艺术源于生活中口语的发声，与其他艺术语言相比是最接近口语的发声，但又绝不等同于生活中口语的发声。艺术来源于生活，又高于生活。播音主持艺术发声是生活中口语发声的规范、提炼和升华。

由于发音条件的不同，每个人的声音都有自己的特色与个性，只能在自己发音条件的基础上扬长避短，逐步扩展自己的发声能力，找到自己最好的声音，发挥出自己声音的个性。

由于每个人的发音器官有差异，体现在音高上就是每个人音域范围不同。一般人的音域范围为一个半到两个八度之间，这叫自然音域。在自然音域中，除去最高和最低的几个发得不自如的音，中间的一段叫作自如声区，也叫中声区。自如声区能达到一个半八度以上为好。结合实践，在播音主持艺术发声过程中，自如声区里偏低的部分用得较多，更需要将其练扎实。

播音主持发声艺术中对音量大小的要求没有绝对的标准。对于每个播音员、主持人来说，由于节目的不同、稿件体裁的不同，甚至播音员、主持人精神状态、身体状况的不同，音量大小总有变化，要根据每个人的声音条件和用声习惯来确定。但使用中的音量要比生活中口语发声音量稍大些，便于驾驭自己的声音。音量过大需要增大用气量，加大发声器官的紧张度；音量过小对比度就差，吸气声及背景噪声容易混入。

发声吐字是播音员和主持人必须修炼的一项基本功，播音员、主持人发声吐字的综合感觉应该是这样的：声音像一条有弹性的带子，下端从小腹拉出，垂直向上，至口咽腔沿上颚中纵线前行，受口腔的节制，形成字音，字音好像被"吸着"或"挂"在硬腭前部，由上门齿处弹出，流动向前。

（二）发声的学习方法

1. 循序渐进

语言艺术要求每个播音员都具备一定的发声技巧，在大多数情况下，它们是需要经过长期的刻苦锻炼才能掌握的。学习与训练应循序渐进：

第一步解决气的问题，第二步解决声的问题，第三步解决吐字问题，第四步解决声音色彩问题。

这也是最有效率的方法，否则不但不易达到要求，心理上也会产生畏难情绪。

声音的发出，是通过人体器官的活动完成的。在发声时，发音器官有一定负担，而这种负担的能力只能是逐步地增长起来。前一阶段练习为后一阶段练习作准备，后一阶段练习则是前一阶段练习的巩固与提高。这样循序渐进分步骤的要求，既好理解也容易掌握。由初期的练习到技术成熟，虽有先后深浅之分，但不应明显分割开来，而是紧密相连的。要做到每次练习都很成熟，从而强化自己的吐字发声技巧，由浅入深，先易后难，逐渐掌握播音主持的发声技能。练习中我们会体会到，播音主持发声艺术并不像想象的那样简单、易学，但不要有负担和顾虑，要在学知识的同时，培养起对学习发声的情感和兴趣。

2. 情声配合

"未成曲调先有情"，这是白居易的长诗《琵琶行》中的名句。弹琵琶是艺术，需要"未成曲调先有情"，要表达的稿件也是一种"曲调"，在弹奏这种"曲调"时，如何使它能声声"入耳"、感人肺腑呢？秘诀就是先有情。

播音主持不是单纯的技术，它不仅是一种器官的机能活动，还受情感、精神等复杂因素的影响。发音器官是一个整体的运动，播音员、主持人的心理、情绪对表达有直接影响。指挥活动的司令部是大脑神经，如果播音员、主持人的精神振奋，发音器官也会处于积极状态，便于快速地组织起来。当听到一些播音员那种由充沛感情中迸发出来动人的声音的时候，也会在思想上引起共鸣。感情真挚，音色就会饱满有力，吐字也会清晰流畅，这是由于他们的声音是从感情中带出来的，这样的声音才是"声情并茂"，艺术的感染力也会加强。人们的感情变化是丰富多彩的，但一定要表达得有真情，而不是强做出来的虚情假意。艺术本身是以情动人的，也就是要"言必由衷"，否则，不但不能给人以美感，还会令人厌烦。

在演播中还应防止以声取胜的观念，如果给听众、观众的只是声音，只是对稿件的照本宣科，即使他的声音再好、技巧再高，艺术表现力也是苍白肤浅的，因为其丧失了语言艺术的真实感。因此，对于播音员、主持人来说，一个字、一个词、一句话，在练习的时候都必须做到吐字清晰、自然，还要有和这些字词的内容一致的思想感情。即使一篇简短的稿件，也要对它的思想内容进行一些简单的分析、处理，使它通过声音表达出来的时候，成为一篇虽然简单但堪称艺术的作品，这就不是无动于衷的吐字发声练习了。这样做可以培养我们的表达能力，从而在自然的基础上养成一种富于色彩的、有感染力的声音，使发声技巧与稿件的表现力统一起来，养成将这些因素配合起来发挥作用的良好习惯。在练习的过程中只注意某一点或过分强调某一方面，而忽视整体效果是不行的。

3.切记不要模仿

演播人员在成长过程中都有一个在艺术上学习和借鉴的过程，这是允许和提倡的。但对于发音器官的发声练习，是反对模仿的。在吐字发声的学习中，应该了解用声原理，提高鉴别发声的能力。播音员、主持人不能不顾自己的声音特点而一味地追求"美"的声音、"厚实"的声音、"亲切"的声音，甚至模仿某一个人的声音。世界上没有两个人的发音器官是绝对相同的、能发出绝对相同的声音。模仿别人的声音，首先违背了自身的生理机能，其次这种不自然的声音显而易见是不能表情达意的。

本色就是真实，就是差异，就是人与人之间的不同。有哲学家曾说，世界上没有两片完全相同的树叶。每个人都是独特的，为什么不去发展自己独特的本色，而偏要去追求那种千人一面的"完美"？我们应该从自身的条件出发，充分发挥自己声音的长处，通过锻炼和实践，找到自己发声的方法。

第三节　播音主持的艺术风格与功能

一、播音主持的艺术风格

探讨播音主持的艺术风格，就必须首先讨论风格这一概念。在西方，风格一词的出现是很早的。德国美学家威克纳格指出，风格一词源于希腊文，由希腊文而传入拉丁文，最后再由拉丁文传至我们。[①] 希腊文的本义表示一个长度大于厚度的不变的直线体，最后为一柄作为写和画用的金属雕刻刀。后来，英国、德国、罗马、希腊等国的学者以其隐喻义使用"风格"一词，引申为"写字的方法""说话的方式""演讲的技巧""言语的类型""以文字装饰思想的一种特定方式"等。进而，风格被扩展到绘画、雕刻、音乐、建筑、文学等领域，用法也更加广泛。

科学技术发展的历程决定了广播的出现在前，电视的出现在后。因为广播是只出声音不出图像，所以播音员的声音为广大听众所熟悉，播音员本人的形象只能存在于听众的想象之中。电视出现后，播音员直接出现在荧屏上，其音与像同步呈现于观众之前，他们不但是观众"审听"的对象，也是观众"审视"的对象，

---

① 王明居.文学风格论·国外旅游寻美记 [M].北京：文化艺术出版社，2012.

从中可见广播播音与电视播音的异与同。虽然电视兼有视听两者的功能，但广播自有其不可替代的优势与活动空间，这就使得广播播音与电视播音成为并存的两种播音形式。从历史发展的进程看，可以认为，广播播音为电视播音开拓了道路，积累了经验，打下了基础。广播播音的前辈们虽然早就告别了播音岗位和他们的听众，但是他们的声音形象仍然强烈而鲜明地保留在亿万听众的脑海中，并且对播音界的影响是久远的。

随着电视业的迅猛发展，电视节目主持人应运而生，他们受到电视观众的关注，节目主持工作也显示出自身的特点。随着节目类型的多样化，不同节目类型的特点不同，主持的特点也就呈现出多样化。其实，广播有许多不同的节目类型，也有相应的主持人，只是电视形象的直观性使节目主持人的位置更为突出。

时至今日，播音员与主持人的工作出现了越来越多的交错与渗透、融合的情况，使二者的界限难于简单、机械地区分。但播音与主持作为不同的工作类型还是有区别的。年轻一代一专多能，多面手越来越成为常态，这当然是很可喜的现象。

那么，播音、主持是不是艺术呢？它们是否隶属于艺术的范畴呢？这似乎已经不成为什么问题，但是长期以来一直存在着不同的声音，至少还有人怀疑，也是不争的事实。因此，要谈及风格问题，就有必要先对这个问题做点讨论。

有人认为，播音就是"念稿"，主持就是"说话"，而念稿只要有一定的识字量就行，说话则是人人具备的能力，因而谈不上艺术。这样的看法在一些人群中颇具代表性，说明持此论调者对播音主持工作存在隔膜抑或偏见，是浅薄、不专业的。

《现代汉语词典》中解释"艺"的一个基本词义为"技能、技术"，解释"术"为"技艺"。单从"技能""技艺"这个角度看，播音主持对此就有着非常高的要求。张颂指出，播音有术。播音是在实践中生成的，也是经过实践检验的。它的理论具有很强的实践性，它的实践又有独特的操作性。它在用气发声、吐字归音的训练中，有行之有效的路径和方法，必须循序渐进，持之以恒；在语言表达上，从有声语言的特点、创作的正确道路、思想感情的调动、语言表达的技巧到话筒前的创作状态，都有一整套规律和一系列要求。播音主持工作不仅需要系统、全面的专业理论的学习和训练，而且播音员、主持人还需要较高的天赋和悟性以及较为全面、深厚的生活积累和知识积累，需要在工作实践中不断地打磨和提升，方能胜任，这些绝非一朝一夕之功。戏曲界有句话叫作"台上三分钟，台下十年功"，对播音主持来说，也完全是如此。赵忠祥配音的《动物世界》《人与自然》打动了亿万观众。他虽然从业时只是一名高中生，但在中学读书时就成绩优异，在校时已小有名气。工作后，他挤出时间博览群书、苦练业务，不使一日虚度，其中甘苦自知，这在他的著作《岁月回眸》中可以清晰地了解到。之后，他又在完成繁重的工作任务的同时，完成了高等学历教育，并在行业首次正高职称评审时以全票通过。

"艺术"的核心是创造，而播音、主持正是一种有声语言的创造活动。这一过程是播音员、主持人在话筒前"以有声语言为主干或主线，出头露面，驾驭节目进程"的创作过程。这一过程是"理解内容—具体感受—形之于声—及于受众"的过程，它追求的是高质量的传播效果和审美效果。文字转化为声音，这个声音要圆润、饱满、优美、流畅，把稿件的内容准确、鲜明、生动地表现出来，使受众不但受到思想的启迪、情绪的感染，还能得到精神的陶冶和美感的享受，使声音负载的信息入耳、入脑、入心。这就需要播音员、主持人综合运用丰厚的知识积累与储备，调动各种能力，进入理想的创作状态，抵达审美创造的艺术境界。对有稿播音来说，虽然播音由稿件所制约，以稿件为依托，为稿件所规定，但经由播音这一富有审美创造的活动使稿件更新颖、深刻，更具有色彩和分量，更充溢着吸引人、感染人的生机与活力。播音艺术家陈醇在一篇文章中回忆齐越当年的播音时说："许多老听众一提起齐越总念念不忘他的优秀播音创作《铁人王进喜》《县委书记的好榜样——焦裕禄》，他那充满激情的广播曾经打动了多少人的心田，鼓舞了多少人的斗志。"近几年，陈醇在北京广播学院任教，收音机里很少听到他那铿锵有力的声音了，可人们仍惦记着他。

播音主持是新闻领域里的成员，也是语言艺术领域里的成员，它追求音声美、韵律美、意境美，乃至形象美。因此，它的创造是一种审美创造，绝不是所谓简单的"传声筒"，也远远超出了一般匠人式的技艺，在艺术圣殿里它也占有一席之地，这些都是不争的事实。柴璠在论述广播播音时这样写道："广播有声语言创造活动本质上是表达主体和接受主体艺术掌握世界的方式。表达主体和接受主体是语言艺术掌握方式主体，只是掌握方式的角度不同。有声语言表达是表达主体的艺术创作活动，是听众的审美活动；广播节目的有声语言是表达主体的创造成果，是听众的审美对象；广播节目是表达主体的创作母体和环境，是连接表达主体、接受主体和有声语言表达的纽带。"① 这段话明确指出了广播播音的审美创造艺术属性。

二、播音主持艺术的功能

播音主持艺术的功能是什么？这些功能之间是什么关系？这似乎不应该成为问题，然而并不是这么简单，因为存在争论，甚至是重大的分歧。

1.传播功能

传播学理论认为，大众传播是一个大规模的信息传送过程，在这个过程中，职业化和组织化的传播者出于各种目的，利用媒介系统广泛、迅速、连续不断地发出讯息，传递给人数众多、成分复杂的受众。信息全球化的浪潮推进了媒介产业的发展，并使大众传播在人们的日常生活中发挥着举足轻重的作用。随着社会的进步、科学技术的发展，大众传播面临着传播范围的国际化、传播环境的复杂化，以及受众选择的多样化和随之而来的竞争的白热化，这一切均要求传播观念不断更新，传播效果不断提升，传播功能不断优化。认识大众传播的基本功能，目的在于使一个社会系统的适应与调整的结果更趋于有利，即有利于发挥正面功能，有利于减少负面功能。

传播，是播音主持艺术最基本的功能，而新闻传播又是传播的最主要内容。

随着经济的发展、科技的进步、全球化进程的加快、交流的频繁，人们对新闻传播的关注越来越强烈。国际风云变幻、世界重大事件的发生、各种国际活动等都是人们关注的，上至政府高官，下至平民百姓无不如此，从街谈巷议到公园散步的退休老人的话题，随时随地都能感觉到国际视野的普遍存在。

人民群众对国内乃至本地区内新闻信息的关注就更不用说了。自然灾害等一些重大灾情的发生，都是广播电视在第一时间发布信息并在抗灾救灾的过程中发挥了不可替代的作用。各级电台、电视台的播音员、主持人有许多令人肯定和感动的突出表现，同时，通过新闻传播还凝聚了党心、民心，展现了社会主义制度的优越性，弘扬了"一方有难，八方支援""团结友爱、勇于自我牺牲"的民族精神。每次全国党的代表大会的召开、一年一度的"两会"的召开，都引起了全

---

① 柴璠.当代广播有声语言的创新空间 [M].北京：中国传媒大学出版社，2006.

国人民的高度关注，普通群众可以通过广播电视了解国家各方面的发展进步以及中央关于国计民生的重大决策，也可以了解与自己日常生活息息相关的种种信息。

播音员、主持人在信息传播的过程中，要在真和善的基础上抵达审美层次。真，坚持真实的身份，真诚的态度，真实的信息，真挚的感情，真切的语气；善，要与受众心相连、情相通，要体现人文关怀；美，要做到声情并茂，形神兼备，有的放矢，控纵自如，有比兴，有语境，有灵性，有顿挫，有抑扬，有分寸。这也就是达到传播功能与审美功能的和谐统一。

当然，新闻传播是大众传媒的主要功能之一，但并不是它的全部。因为以播音主持为主要传播形式的信息传播，其内容是十分广泛的，诸如政治、经济、文化、艺术、军事、科技、体育、社会生活等各个方面，既有新闻性的，也有知识性的、娱乐性的，包括意识形态领域里的文化传播等。播音主持负载着传播功能的重任，对社会的稳定、民族的团结、人心的凝聚、时代的进步有着十分重要的影响。这一点，每一位从业者都应保持十分清醒的认识。

2. 认知功能

广播电视语言传播在达到信息共享的基础上，还要实现认知共识的目标。

什么是认知共识？认知共识主要是指语言传播中必然包容理性的内涵，并要在人生观、世界观、价值观的走向、取向上，进行体认、理解、沟通和同构。

对于语言传播，人们不满足于听到说了什么，还要了解"为什么说"等言说背后的弦外之音、言外之意，即俗话说的"锣鼓听声，听话听音"。苏轼在《答谢民师书》中说："夫言止于达意，即疑若不文，是大不然。求物之妙，如系风捕影，能使是物了然于心者，盖千万人而不一遇也，而况能使了然于口与手者乎？"

有声语言传播，以其科学精神的阐发、人文精神的关怀吸引受众、感染受众，而科学精神的真谛、人文精神的奥秘常常不在词语表层，而是潜藏在、蕴含在词语"不在场"的深层之中。这只有依赖有声语言创作主体以有声语言特有的表现力加以显露和昭示。这种显露和昭示需要很强的艺术功力，它使有声语言超越"稍纵即逝"的藩篱而抵达"意在言外""余音绕梁三日不绝"的境界。所以，苏轼认为"了然于口"比"了然于心"更难。

张颂认为"为什么说"，不是对具体语言内容的简单诠释，而是指宏观认知上的理性重合，即传者的理念与受者的理念的融通。这样，传者的目的才可能实现，受者的期待才可能满足。[①]

所以，传者不仅要解决"为什么说"的问题，还要解决一个"怎么说"的问题，即怎样及于受众，使传播语言入耳、入脑、入心。听者所接受的不仅是感官的刺激，还是思维的能力与感情的活力。夏青教导青年播音员，在播音之前要充分备稿，做到"三读""三思"。三读，指拿到稿子后要读三遍：第一遍粗读，宏观把握，了解整体，如果细读，反而会陷进去；第二遍细读，要逐字逐句挖掘自己不懂的地方和有误的地方，把握文章内在的逻辑联系；第三遍再粗读，以防第二遍细读、分析之后转而陷入文章的细枝末节。"三思"，就是分析完文章后还要进行思考：第一是要把文章放到大的时空背景当中去审视；第二是要把文章放在整个节目中去审视；第三是要把文章放在听众那里去考虑，从播和听的对比中思考实际的传播效果如何。郭沫若称赞夏青说："真是三分文章七分读哇！"[②]

听夏青的政论播音，人们会感受到一种巨大的逻辑力量。原因在于，夏青不只注重把握播音员与文字稿件的逻辑关系，还注重把握文字稿件通过播音员的播音同听众接受的逻辑关系。比如他善于创造性地使用停顿，有些停顿时间还比较长。他说，一篇文章中，我们提起一件事情，提出一个问题，总是应该建议大家来想想这件事情，来想想这个道理。我们的播音不应连得太快、太多，我们要留给听众时间，让他考虑。给他时间让他考虑，他就要注意所说的内容，就会思考问题的答案，思想就会跟着广播走。这一小小的停顿，带来了逻辑的引导力量。播音的这种逻辑的力量就能赢得听众。如果只顾文稿本身的逻辑关系，不顾向听众传达的逻辑关系，那就是抓了"小逻辑"，丢了"大逻辑"。心里装着听众，这就体现了语言传播的人文关怀，这就能更好地发挥播音主持的认知功能。

同样，认知功能的实现也应该是和审美功能的实现同步完成的。因为理性与感性、逻辑的力量与审美的力量是互相依存、互相支撑、互相包含的。张颂称赞夏青"字正腔圆"的播音境界时说："他那明亮圆润、浑厚坚实的声音，他那清晰纯正、韵律悠扬的词句，造就了一种悦耳动听的形式美。这种形式美，产生了先声夺人、引人入胜的听觉效应；仅此，就使人百听不厌，乐此不疲了。"[③]

---

① 张颂.播音主持艺术论：第 2 版 [M].北京：中国传媒大学出版社，2022.

② 杨波.中央人民广播电台简史 [M].北京：北京广播学院出版社，2000.

③ 张颂.播音主持艺术论 [M].北京：中国传媒大学出版社，2009.

3.服务功能

从总体上说，播音主持艺术的全部功能都可以用服务功能来概括，因为这是由广播电视服务于人民事业的宗旨决定的。但是，服务的内容具有广泛性、多样性，除上面谈到的几个方面都体现了不同层面、不同角度的服务功能，还有许多服务的内容和形式，特别是直接关系到社会各方面的需求、人民群众切身利益的服务内容，满足这些愿望和需求，有利于增强广播电视的社会效益，有利于增强广播电视与人民群众的密切联系，也有利于推动和谐社会的建设。

1998年，国家哲学社会科学研究"九五"规划重点项目《中国电视论纲》把电视节目分类为"新闻节目、社教节目、文艺节目、服务节目"。在这四种节目形态中，新闻节目和文艺节目的界定比较清晰，容易划分。相比较而言，社教节目与服务节目的题材、体裁一直处于不断调整与组合当中，内容与表现要素频繁交叉、融合，对于主持人的要求及其主持艺术也有许多共通之处，不宜简单区分。

《广播电视辞典》对生活服务节目的定义：以实用性内容为主，直接为观众日常生活、学习、工作服务的电视节目。这类节目通过传播信息、解答问题和反映群众呼声，帮助受众解决日常生活、学习和工作中的各种实际问题，为社会提供直接、具体的服务。节目注重实用价值，力求满足现实生活中的各种服务需求。

知识性服务节目，如《鉴宝》《养生堂》《百科全说》等，在观众中都有较好的、积极的反响。

对象性服务节目，如少儿节目、农民节目、军事节目、女性节目、婚恋节目、老年节目等。具体如《大风车》《智慧树》等，在观众中均赢得了很好的口碑。

生活服务性节目，如向观众介绍烹调、保健、美容、服饰、购物、投资、家装、生活小窍门、家电使用保养等家庭生活实用知识，题材广泛，内容丰富，以鲜明的实用性与服务性为观众喜爱，如《交换空间》《家政女皇》等。

还有教学类节目，是课堂教学的扩大和延伸，把知识性与趣味性结合起来，如《百家讲坛》已经成为中央电视台科教频道的品牌栏目，曾在全国观众中产生较大影响。

还有不少节目无法简单归类，比如《今日说法》，每期集中剖析一个典型案例，以记者外拍的相关调查为主线，或访谈，或演播室连线，邀请法律专家针对案例加以点评、介绍相关的法律知识，以此达到向观众普及法律知识的目的，办得很有特色，拥有庞大的观众群。

上述节目的服务性是不言而喻的，但是节目不能做得枯燥，要把知识性、实用性、服务性与审美性结合起来，寓服务于快乐，这仍然是一条重要经验，如叙事的平民化，内容的情节化，表现的场景化。还有的节目尝试运用轻松活泼的娱乐化表现形式，将竞技、表演、真人秀等娱乐元素渗入其中，让观众在娱乐中获得服务。

（二）播音主持艺术的审美功能

宣传性与艺术性是播音主持创作中不可缺少的，它们构成了播音主持创作的两大支柱，在传递信息、传播美、服务于人民群众的过程中，创造着实用价值和审美价值，发挥着广播电视的优势。新闻传播、信息沟通、教育引导、社会服务等功能要得到很好的实现必须借助于审美化、融入艺术美的因素。同时，艺术本身又具有独立的审美意义和审美价值。播音主持创作中的有声语言，应该给受众以美感；有声语言的包容量、高深度、美学意义，在宣传教育、激励鼓舞人民群众的作用中具有举足轻重的地位，在满足受众的审美需求方面更是肩负着重要而又艰巨的使命。

音声传播是广播电视主要的、共同的传播方式，因此也是受众最主要的审美对象。当那声音或如黄钟大吕、金声玉振，或如淙淙流泉、春风吹拂，或如狂飙突起、波翻浪涌，或如林间鸟鸣、燕子呢喃，或如蒙蒙细雨、幽兰暗香般的仿佛天籁之音传入耳鼓的时候，那种振奋激越、沁人心脾、心旷神怡、飘然如进入仙境般的感受是难以形容的。随着传者语言节奏、旋律的展示、情感的融入、思想内涵的开掘、意境的营造、逻辑的推进，受众也从感性直接向意境深层进发，向认知共识和审美愉悦共鸣的高层抵近。随着岁月的流逝，人们可能已经忘记节目播出的内容本身，但是声音的魅力、语言表现的魅力会永远地留在人们的记忆之中。

电视出现以后，音画同步的特点把播音员、主持人推向前台，使其直面观众。因此除了音声审美，形象审美也成为另一重要的审美内容。人们不仅需要通过声音感受大国的气魄，还要通过播音员、主持人感受一个世界东方大国的政治、经济、文化强国的形象、气质、风度。这样，播音员、主持人的形貌、神态、语气、站姿、坐态、举止、表情、着装、配饰乃至化妆，都被赋予了远远超越其自身的意义，寄托着观众更多、更高的期待。人们会对播音员、主持人的综合形象提出包括审美价值取向的更高的要求。这个要求是合理的，也是必需的。

"德才兼备，声形俱佳"①，修之于内，形之于外，形美与神美完美统一，这是广播电视对播音员、主持人的要求，也是广大受众的要求。

从节目开始到节目推进，直至节目完成，播音员、主持人的人文修养、文化底蕴、专业素质、艺术风格及其感受力、判断力、操控力、展现力、引导力、应变力等都会成为整个节目的内在支撑，并在一定程度上在某些方面被呈现出来，从而给观众带来一个完整的审美印象。成功的播音员、主持人会在既定的时间空间中，把观众带入一个卓越的审美世界，让观众在审美愉悦中潜移默化地得到心灵的审美陶冶，乐而忘返。

在广播电视各项工作中，播音主持处于前沿和纽带的位置。当然，播音主持离不开其他各部门的支持，这是毋庸置疑的。但是，播音主持是一个重要而又特殊的岗位，播音员、主持人是特殊岗位上的特殊专业人才，除了对人才的一般的、共性的要求，对他们还有着特殊的要求。中国传媒大学教授、博士生导师张颂在《给报考播音主持艺术专业同学的一封信》中说，首先，自己的基本条件如何，有哪些优势？包括既有竞争的实力，又有发展的潜力。其中，有先天具备的，如嗓音、口齿、五官、形体、悟性，也有后天习得的，如普通话、唇舌力度、理解能力、文学修养、即兴表达、临场反应等。有些是不能改变的，经过练习也不会提高多少，千万不要勉为其难。其次，播音主持专业的要求是不是清楚了？哪些硬性规定不能降低，哪些弹性要求越强越好，如声音好、形象好、个子高、反应快。没有歧视其他同学的意思，而是广播电视的特殊需要，必须优中选优。达不到这些要求的同学，就不要报考这个专业了。播音主持专业，对于优秀的高级人才的需求是紧迫的、长久的。那标准，主要是"德才兼备，声形俱佳"。做播音员主持人，应该是品德高尚的人、忠诚坦白的人，还应该是语言规范、表达精妙的人，形象端庄、气质高雅的人。张颂老师并不是给有些同学泼冷水，而是对他们爱护、负责任的一种表现。因为播音主持需要的是一批特殊人才，有些是先天注定无法改变的。有些同志以极端的个例否定这一点，以极少的特殊代替一般，代替普遍

---

① 胡智锋.电视节目策划学：第2版[M].上海：复旦大学出版社，2012.

性，这是偏狭的、不科学的。

对播音主持来说，新闻性是它的根本属性，艺术性是它的重要属性，这就决定了它的功能的服务性，是以政治宣传、舆论引导为代表的社会功能与审美功能的科学统一。政治性、新闻性必须落实和融合到音声性、艺术性上，才能宣传得好，使人愿意接受。音声性、艺术性必须以政治性、新闻性为灵魂和血脉，才有生命的活力和前进的动力。播音员主持人不等于一般意义上的语言工作者、艺术工作者，更不能混同于演艺明星、搞笑大王。

第二章　播音主持中语音的基础内容

本章为播音主持中语音的基础内容，分别从普通话语音、辅音和声母、元音和韵母、声调、语流音变五个方面展开论述，让读者对播音主持中语音知识有了初步了解。

第一节　普通话语音

我国规定，国家推广全国通用的普通话。推广普通话是国家一项重要的语言政策，也是我国语言规范化的法则，它明确了普通话在我国语言生活中的主导地位。全国人民是以国家宪法作为活动准则的，播音艺术家应该把履行这个规定作为自己责无旁贷的职责。

广播电影电视部等 15 个单位联合发出的《大家都来说普通话倡议书》也指出："广播、电影、电视、话剧拥有广大的听众和观众，是推广普通话的重要工具。播音员、主持人、演员应该使用标准的普通话，为广大群众学习普通话作出示范。"[①] 这种全国通用的普通话是有标准的，讲究规范的。其标准就是"以北京语音为标准音，以北方话为基础方言，以典范的现代白话文著作作为语法规范"的现代汉民族共同语。

一、语音导论

语音是人在说话时发出的声响。但是，如果从语音学的角度来科学地揭示语音的本质和内涵，物质世界，千姿百态，物质运动，千差万别。人类社会每时每刻都在产生各种各样的音响：风声、雨声、歌声、笑声、喇叭声、喊叫声等等。这些大大小小、高低强弱、多种音色的声音，组成了大自然和人类社会的生命乐

---

① 王金星，谭国应．当代实用写作 [M]．长沙：湖南教育出版社，2010．

章，只要有运动着的物质和介质存在，就会有永恒的音响。"万籁俱寂"不过是人们的主观臆想，事实上是不存在的。人的听觉仅限于 20～2000 赫兹，听不到的次声波和超声波同样也是一种客观存在。

但是上面列举的声音现象并不都是语音。语音首先是一种物质，发声是物质运动的特殊表现形式。语音的内涵必须兼顾两个方面：其一，语音是在人的各个发音器官的联合作用下形成的，它的形成和变化要受到生理机能的限制；其二，语音在具体运用中反映出特定的社会内容，不能脱离具体的语言环境。

鸣笛声、铃声、信号灯、旗语、烽火、手势语等虽然也都具备了某种意义要素，而且在特定条件下作为交际信号也能发挥特有的作用，但这些声音并不是来自人的发音器官，只能被视为语言的辅助手段。

二、汉民族方言

我国幅员辽阔、人口众多，有 56 个民族，共计 14 亿多人口，这在客观上决定了语言的复杂性。仅就汉藏语系中的汉语来说，国内语言学界通常将汉语分为七大方言区，分述如下：

（一）北方方言

又称北方话或官话，以北京话为代表，是现代汉民族共同语的基础方言。其分布地域最广、使用人口最多。它以黄河流域为中心，东北至哈尔滨，西南至昆明，直线距离约 3200 多公里；东起南京，西至酒泉甚至乌鲁木齐，直线距离约 2000 公里。北方方言覆盖了汉族居住区的 3/4，使用人口约占汉民族总人口的 70% 以上。按照方言层次理论，汉语的几大方言都可以再细分成若干个次方言。北方方言大致可分为东北、华北次方言区（北方话），西北次方言区（西北话），西南次方言区（西南话），江淮次方言区（下江话）。

北方方言的语音特点是：古浊声母今改读为清声；声调一般分阴平、阳平、上声、去声 4 个，少数地区有 5 个或 6 个声调；入声字消失，分别归入舒声各调，个别地区保留的入声，韵尾大多收喉塞音；鼻音韵尾只有 n 和 ng 两个；多数地区不分尖团音；许多地区有翘舌音 zh、ch、sh；多数地区有儿化韵。普通话吸收了北方方言的多数词汇。

（二）吴方言

吴方言又称江南话或江浙话，历史上一般以苏州话为典型代表，主要分布在上海市，江苏省的长江以南、镇江以东地区（不包括镇江）和浙江省的绝大部分地区。

吴方言的语音特点是：比较完整地保留了成套的古浊声母；多数地区没有翘舌声母，一律读为平舌音；有短促的带喉塞音性质的入声韵尾；声调一般有七八个，上声不分阴阳。

（三）湘方言

湘方言又称湖南话，以长沙话为代表，是除洞庭湖以南的湖南省大部分地区人们所使用的语言，湘方言的使用人口约占汉民族总人口的 5%。

湘方言的语音特点是：部分地区保存了成套的古浊声母；在开口、合口呼前，n、l 不分，"南""兰"同音；在撮口、齐齿呼前，有 n、ng 的区别；f、h 不分，"灰""飞"同音；多数地区入声自成一类，声调短促；声调一般有六七个。

（四）赣方言

赣方言又称江西话，以南昌话为代表，通用于除江西东北沿江和南部外的江西省大部分地区，包括湖南省东南部一角，赣方言的使用人口约占汉民族总人口的 2.4%。

赣方言的语音特点是：浊塞音多读为送气的清塞音；有些地方保留了古入声字的韵尾；有 n 声母而没有 l 声母，"南"读作"兰"。

（五）客家方言

客家方言又称客家话，所谓"客家"，是对当地居民而言的，以广东梅州话为代表，主要分布在今广东、广西、福建、台湾、江西等省的 100 多个县，其中以广东的东部和北部、福建西部、江西南部、广西东南部最为集中。客家方言的使用人口约占汉民族总人口的 4%。

客家话的语音特点：只有平舌音 z、c、s，没有翘舌音；韵母没有撮口呼；保留古韵尾 p、t、k；有 6 个声调，平声、入声均分阴阳。

（六）粤方言

粤方言分布在广东东部、西南部和广西东南部的 100 多个市县以及海外某些华侨居住地（主要是美国和南美、南太平洋等地），同时它是中国香港、澳门地区的主要语言。粤方言的使用人口约占汉民族总人口的 5%。

粤方言是语言学上的专有名词，不完全等同于"广东方言"或"广州话"，因为粤方言的分布区域已经超出了广东省。同时，广东境内尚有客家方言、潮汕方言等几种与粤方言区别较大的方言。

（七）闽方言

闽方言又称福建话，主要分布区域跨越四省，包括除闽西客家方言区外的福建省绝大部分地区、广东东部的潮汕地区、海南岛和雷州半岛的大部分地区、浙江南部的温州一带、舟山群岛和台湾的大多数汉人居住区。闽方言的使用人口约占汉民族总人口的 4.2%。由于北方移民入闽的路线不同，闽方言内部形成了古闽语的两大支派，即闽北方言区和闽南方言区。前者以福州话为代表，后者以厦门话为代表。

闽北方言的语音特点是：闽北方言没有声母 f；没有翘舌音；辅音韵尾有 ng、k；有 7 个声调。

闽南方言的特点是：有鼻声母的异化现象；韵母没有撮口呼；辅音韵尾有 m、n、ng、p、t、k，形成多种入声调；声调有 7 个。此外，还有一些无从考证的读音。

相比较，闽方言与普通话区别最大，粤、吴方言次之，湘、赣方言再次之，北方方言中的东北、华北次方言比较接近普通话。

三、普通话的科学概念

普通话是以北京语音为标准音，以北方话为基础方言，以典范的现代白话文著作为语法规范的现代汉民族共同语，它是 1955 年全国文字改革会议和现代汉语规范问题学术会议确定的，1982 年载入宪法，在全国范围通用的中华人民共和国的标准语言。所谓"普通"，可以理解为"普遍""通用"。它是全国通用的语言，是在某一种地域性方言的基础上经过科学加工后形成的规范化的语言。

《关于开展普通话水平测试工作的决定》规定：掌握和使用一定水平的普通话，是进行现代化建设的各行各业人员，特别是播音员、节目主持人、教师、影视话剧演员以及国家机关工作人员必备的职业素质。因此，有必要对上述岗位的从业人员进行普通话水平测试，并逐步实行持等级证书上岗制度。

普通话是汉民族的共同语，是规范化的现代汉语，是全国通用的语言。普通话的规范指的是现代汉语在语音、词汇、语法各方面的标准，普通话水平测试是推广普通话工作的重要组成部分，是使推广普通话工作逐步走向制度化、科学化、规范化的重要举措。

四、北京语系的特点

每一种语言都有自己的特点，归纳整理某种语言所有的音素和各音素之间的组合规律构成了该语言的语音系统，简称"语系"或"音系"。北京语系是北方方言的主干，又是现代汉语语系的主脉，普通话语音特点主要体现在北京语系的特点上。

（一）简约易学，清晰度、辨识度高

语音的最小单位是音素。北京语音的音素有 32 个，其中元音音素 10 个，辅音音素 22 个，它们分别在现代汉语音节中充当声母和韵母。北京语音的基本音节约计 400 个，即便给每个音节冠以声调，总数也不过 1300 个。

北京语音除特殊的"轻声"，音节的声调有阴平、阳平、上声、去声 4 种，而粤、吴、闽方言包括入声字在内，音调有七八种之多。音节带有声调是汉语的一大特点。如果只有 400 个音节而没有声调，那么，汉语中的同音语素就会成倍增加，其实用功能会大受影响，相反，有了七个声调，汉语的构词能力就极大增强了。简单地说，普通话的语词和句子就是这些带有声调的 1300 多个音节不同形式的往复排列组合。

北京语音的音节结构形式严整、认记方便，声母和韵母以不同质的相互间隔和联结，使得音节界限清晰而又容易形成节奏明快的语流，听起来富有节律性。除了少量以元音音素起头的零声母音节，绝大多数都是以辅音音素起头的有声母音节。辅音音素除了 ng，其余的都可以充当音节的声母，元音音素可以充当韵尾

的只有 i 和 u（o）两个。北京语音的音节不存在复辅音现象，不像现代英语那样，两个以上辅音组成的辅音群可以任意出现在元音的前后。

英语中，元音有长短之分，能够区别词义。在音节组合时，有的辅音不发音。在北京语音中，i 就是 i，它的音值除了在外化形式上的特殊需要外，书写形式与实际读音完全一致。

北京语音中没有特殊的难以掌握的喉塞音、鼻化音、边擦音一类的音素。北京语音没有尖团音之分，《汉语拼音方案》只规定了舌面辅音 j、q、x 可与舌尖前高元音成拼，而原则上不允许舌尖前辅音 z、c、s 与 i 成拼。所以，也可以说北京语音里只有团音，没有尖音。

口语中元音比辅音要响亮得多，其声调给人的听觉刺激更强一些。从听觉效果来看，是声调居先，元音第二，辅音更次。北京语音又恰恰是带有声调、以元音为主的语音体系，所以相比其他不具备声调、辅音较多的方言、古音、少数民族语和外来语，都简明清晰、说来易学、听来易懂，也便于计算机的语言合成。

（二）富有音乐性

北京语音富有音乐性，抑扬交替、舒展明快、朗朗上口，最响亮的元音在音节组合中成为语言链的中枢，由复合元音构成的音节更具优势，乐音比例大，没有短促音。

元音是北京语音的主要成分。汉语的音节可以没有辅音，但不能缺少元音。在 400 个基本音节中，开口呼音节几乎占到全部音节的半数，其中用最响亮、最高亢、最有色彩的 ɑ 音素做主要元音的音节约有 160 个，占全部音节的 40% 以上。在全部音节中，由复合元音组成的音节有 159 个。正是由于北京语音的元音多、开口呼音节多，因此听起来清爽、明朗、悦耳，便于吟咏和入乐。

在阴、阳、上、去四种声调中，高音成分偏多。阴平调自始至终在五度高音区，阳平调的归音可以指向五度，去声调则从五度开始，上声调也最终必须达到四度，高、扬、转、抑都有显著的区别，这些都属于语言学上的"舒声"，其特点是舒展、晓畅、柔和、婉转。构词中的"双声""叠韵""叠字"等手法，也是对北京语音律动感和音乐美特点的充分运用，再配之以四种声调，悦耳动听，如"心明眼亮

（阴阳上去）""战火连天（去上阴阳）""三三两两（阴阴上上）""狼吞虎咽（阴阳上去）"。

北京语音的声母虽有清浊之分，但颤动声带的浊辅音只有 m、n、l、r 4 个，b、d、g、k 都已先后转化为清音。浊音发音要求声带颤动，这是古代语音用以区别词性、词义的方法之一。现代汉语中，清声与浊声的比例为 4∶1。

（三）有明显的"轻声"和"儿化"现象

北京语音口语中有明显的"轻声"和"儿化"现象，它们可以协助区分词义和词性。虚词、助词、词尾等轻声与重读词的配合使用，使北京语音和谐悦耳、情感浓郁。

总之，北京语音既清越又柔美，节奏明快洒脱，韵律连转流宕，可如流水行云，宛然入耳，亦可大气磅礴、铿锵激越。在播音、主持、朗读、演讲、台词教学或日常口语交流中，可以使书面文字锦上添花、声文并茂、美不胜收。

五、学习普通话应注意的问题

（一）北京话不完全等于普通话

强调以北京语音为标准音，是就整个语音系统而言的，不等于说北京话中的任何一个语音成分都是标准的，北京话并不完全等于普通话，北京话也是一种方言。

北京话里有许多土音，有相当鲜明的地域特征，比如，老北京人把连词"和"（hé）说成"hàn"，把"蝴蝶"（hú dié）说成"hú diěr"，把"告诉"（gào su）说成"gàosong"等。

北京话还有一种"异读"现象，有 200 个不符合规范的异读词。这些异读词虽然不会产生歧义，但不符合规范，不应提倡。

从 1957 年开始，国家语言文字部门对北京土话的字音进行了多次审定，制定了普通话的标准读音。因此，普通话的语音标准应以《普通话异读词审音表》《现代汉语词典》为基本规则。

就词汇标准来说，北京话作为北京地区的方言，会夹带一些老语词。老北京话中就有"老爷儿""各色"等。近年来，北京青年口中的"份儿""份儿大""拔份儿""撮一顿儿""栽了""铁着呢""侃大山""盖帽儿了""大款儿""款儿姐""分分钟""渗着呢"等词，常有变异，不具备典型性，也同样不能作为标准推广。

在现代北京话中，"儿化"和"轻声"用得过多，不起区别词性、词义作用和语法作用的儿化和轻声，使口语含混不清。

作者认为，以北京语音作为全国的标准音，有必要对北京语系进行认真分析，依据一定的标准取舍，摒弃淘汰特殊的土音土语，以保持普通话语音的纯洁性。

（二）注意对汉语词汇的综合运用

在词汇方面，普通话以北方方言为基础。但是，北方方言区地广人多，北方词汇都进入普通话是不现实的，和语音相比，北方方言的词汇淘汰比率高一些。

北方方言使用范围最广，占全国地域的四分之三，使用人口占 70% 以上，其中，东北、华北次方言区包括东北三省、河北、北京、天津、山东、河南等省市及内蒙古的部分，西北次方言区包括山西、陕西、甘肃等省份及青海、宁夏、新疆、内蒙古的一部分，西南次方言区包括四川、云南、贵州等省份及湖北的大部、广西西北部和湖南西北角等地，江淮次方言区包括安徽、江苏两省的长江以北地区及镇江以东的长江南岸沿江一带。正所谓"三里不同俗，十里不同音"，陕西称"妻子"为"婆"；四川称"妻子"为"堂客"；河南的"锅盔"，是山东的"馍"。类似这些地方色彩极浓的语词，只能在狭小的地域里使用。因此，在确定普通话词汇时遵循的一般原则是：择取生命力强、使用范围广、有代表性、通用的词汇作为标准，摒弃那些土俗生僻的词汇。

对于同一事物各个地区的不同称谓，也要经过比较、甄选后确定取舍，例如，北方话中的"玉米""苞米"等都是指可供食用或制成淀粉的一年生草本植物，普通话只取"玉米"一词，其余的则作为方言词存在。北方话中，对于一种地下块茎肥大，可供食用的一年生草本植物，不同地区分别用马铃薯、土豆、地蛋、洋芋、山药等称呼，普通话中收用了"土豆"和"马铃薯"两个词，前者用于口语，后者是学名。

普通话的词汇以北方方言为基础，但也不排除吸收其他语言（包括方言）的词汇，来充实丰富自己的语库。

普通话词汇的来源主要有以下几种渠道：如"阁下""夫人""诞""逝世"等源于古语词；如"沙发""咖啡""科学""民主""马赛克"等源于外来词；如"哈达""阿訇"等源于少数民族语。不过，在外来词中有些音译词已逐步地被意译词所取代，像"梵阿铃"被"小提琴"取代，"麦克风"被"话筒"取代。普通话所选择的词汇，一般都是流行较广而且早就用于书面的词语。

（三）注意语法方面的规范化要求

普通话是以典范的现代白话文著作为语法规范的。所谓"典范的现代白话文著作"指的是具有代表性、在遣词造句行文方面可以师法的、与口语基本相合的书面形式作品。所谓"现代白话文"，要求既是"白话"的又是"现代"的。语言是在不断发展的，每个时代的作品都会不同程度地烙下自己的印记。早期的白话文著作，如《红楼梦》等，已经不符合现代的语法标准和语言习惯。讲到语法规范，还必须是典范的一般用例，即最有普遍性的用例。扬弃特殊的和某些不健康的用例，也当成为语法规范化的一条原则。

典范的现代白话文著作都是用普通话即现代汉民族的共同语写就的书面形式，是经语言巨匠们精心加工提炼出来的书面语言，所以，它与"以北方话为基础"的原则并无矛盾，只是进一步明确了规范，提出了易于掌握的标准。

任何一种语言都是由语音、词汇和语法三个要素组成，掌握标准的语音只是迈出了普通话学习的第一步，若是仍旧用方言词汇来遣词造句，用普通话的语音生拼地方的僻字土语，更会给人不和谐之感。因此在学习普通话时，要语音、词汇、语法三者兼顾，不可偏废。

六、音素

（一）音素的概念

语音学上把从音节中分析得到的最小的语音动作元素称为"音素"。例如"香"这个音节，用汉语拼音拼写的形式是 xiang，可以把它进一步分析为 x、i、a、ng 4 个音素。"普通话"是三个基本的意义单位，用汉语拼音标写为 pu—tong—hua。如果再继续划分，还可以得到 p、u、t、o、ng、h、u、a 8 个有特色的动作单位，每个动作单位就是一个音素。

（二）音素的分类

汉语普通话的音素共有 32 个。依据其内在特性，可分为元音音素和辅音音素两个大类。

元音发音时，从肺部呼出的较平缓的气流和音波通过喉部时使声随之颤动，在咽腔和口腔不受任何阻碍，普通话里的 10 个元音音素是：a、o、e、ê、i、u、ü、er、-i（前）、-i（后）。

辅音发音时，从肺部呼出的强气流在口腔会受到不同部位、不同方式、不同程度的阻碍，必须排除阻碍才能发音。普通话的 22 个辅音音素根据成阻部位从口腔前部往后依次排列是：b、p、m、f、z、c、s、d、t、n、l、zh、ch、sh、r、j、q、x、g、k、h、ng。

音素是从语言四要素中"音色"的角度划分得到的。汉语中"衣"和"椅"的发音显然不同（除了音高外，音强和音长也不尽相同），但它们的声音本质却是相差无几的，都是由单元音 i 构成的。

（三）音素和字母的关系

音素是音节分解到不能再分了的实体单位，是内容和实质；字母则是书面符号，是表象和形式。尽管字母从某种程度上可以反映出音素的性质，但二者毕竟不是一个概念，有时候音素由一个字母单独表示，如 f、e、x 等；有时候一个音素由几个字母表示，如 zh、ch、sh、ng、er。前者叫单字母音素，后者叫双字母音素。不论是单字母音素还是双字母音素，发音时口腔内自始至终只有一个动作，一旦动作变形和延续，那就不止一个音素了，这是汉语音素一个极为重要的特点。英语有 48 个音素，元音音素有 12 个单元音、8 个双元音。汉语研究者不认为双元音也是音素，因为双元音是两个元音发音动作的集合体，每个双元音里都有两个音素，它们还可以继续划分下去，这种双元音现象汉语中也有，如 ai、ei、ao、ou、ia、ie、ua、uo、üe 8 个二合元音，称它们为"复合元音"，与英语里的双元音是有区别的。

任何一个汉字都是由一个或若干个音素组成的，若想把每一个字音发得准确有力，使之符合艺术语言的要求，就要把组成它的每一个音素发好，从某种意义上说，学习普通话就是训练这 32 个音素的吐字归音技巧，有理由认为，音素基本功是叩开语言艺术大门的第一块敲门砖，过了音素这关，才有资格进入下一阶段，即字、词、句的训练，在播音主持工作中，处理好句子固然重要，但是，语句的完整性是建立在语音清晰、发音准确的基础上的，由此可见，音素训练是语言学习的先导，任何因音素训练单调枯燥而轻视或放弃这种努力的做法，都无望进入艺术语言创作的最高境界。

七、音节

（一）音节的概念

说话，音从口出，生活中要完整地表达一个意思，都是以具体的语句为单位，语句又都是由若干个词组按照一定的语法规则排列组合起来的。词组包含了若干由一群群音素连缀而成的语音片段，这种人们自然感觉到的一小组一小组的语音片段，就是"音节"，或者叫"音段""音缀"。

音素是语言学界为了研究的需要，从音色角度划分出来的最小的语音单位，而不是人们听觉的直接感应，音节才是人们能够自然感觉到的语音结构单位。就汉语而言，发处在音节起始位置的音素时，肌肉紧、气流强；发处在末尾的音素时，肌肉松弛、气流弱；发处于中间位置的元音音素时，开口度最大，譬如包（bāo）字，发起头的辅音 b 时，肌肉紧张，气息强，过渡到中间的元音 a 时肌肉稍微松弛，气息平和稳定，响度渐强，发结尾的元音 o（u）时，气息和音量都必须弱下去，肌肉过于放松。另外，"晚安"（wǎn ān）"西安"（xī ān）"雨夜"（yǔ yè）"就要"（jiù yào），这四个词之所以没把它们念成一个音节，也同样是因为前者是两个音节，发音时肌肉紧张增强了两次，后者是一个音节，发音时肌肉紧张增强了一次的缘故，普通话中的每个音节都是这样由紧肌肉，强气流，大音量开始，到松肌肉、缓气流小音量结束的，包括结构最简单的由单元音素构成的零声母音节。由此，可以这样界定音节的概念：音节的界限就在前一个音素的紧张衰减，后一个音素的紧张增强之间。

汉语普通话的音节，实际上经常运用的大约有 400 个（声调的差别未计算在内）。

（二）音节的结构

按照汉语音韵学的传统习惯，一般将一个音节分为声母、韵母和声调三部分，有的语音学家又把韵母进一步分为韵头、韵腹和韵尾，并分别喻为"颈""腹""尾"加上声母（被喻之为"头"）和声调（被喻之为"神"），这样一个音节就有了"头""须""腹""尾""神"五部分，这种形象化的比喻有助于初学者对音节各部分功能特点的深入了解和掌握。

声母是一个音节起头的辅音音素，在 22 个辅音中除了 ng 只作韵尾外，其余 21 个都能在音节中充当声母。声母虽然不是音节的必要成分，但绝大多数音节都以它起头，它对于一个音节发音的清晰、完整、正确起着重要作用。

韵头就是通常说的"介音"。它介于声母和韵腹之间，表示声母除阻后紧跟着韵母舌位的启动，从而将肌肉紧张的声母的发音动作引介到主要元音的发音动作上，在中间过渡环节中充当桥梁，韵头只由高元音 i、u、ü 充当，发音状态短而紧，舌位动程由此开始。

韵腹又叫"主要元音"，是音节中必不可少的，听感上最响亮、最显著的主体部分。10 个单元音一般都可做韵腹。如"高兴"（gāo xìng）两个音节，分别由 a 和 i 充当韵腹，元音 e 做韵腹时，需在前面加上高元音 i 或 u 组成复合韵母 ie 或 üe，如"解决"（jiě jué）。

韵尾也叫"字尾"，是一个音节的收束部分，发音短弱，肌肉松弛，听感模糊。韵尾只由元音 i、o（u）和辅音 n、ng 充当。i、u 叫元音韵尾，n、ng 叫辅音韵尾。韵尾也不是音节的必要成分，像"血液"（xuè yè）两个音节就没有韵尾，而由韵腹充当。这样的开尾音节在汉语里并不多见。

声调又称"字调"，指的是音节高低升降、曲直长短的变化形式，普通话的音节有阴平调（55）、阳平调（35）、上声调（214）、去声调（51）四种。除了"轻声"外，任何一个音节都有声调，音节有声调的变化是汉语的一大特点，英语就没有声调，只有重音节和语调。

一个标准音节由声母、韵母和声调三个部分组成。换言之，由声母、韵头、韵腹、韵尾、声调共同组成的音节才是标准音节，但在 400 个基本音节中，5 个部分都有的才 50 多个音节，占 10% 多一点，其余绝大多数音节则不是缺"头"就是无"尾"，或者没有声母。最简单的音节只有一个音素，有的 2～3 个，最多不超过 4 个。

一个音素独立构成音节时，这个音素一定是单元音音素，有 7 个：a、o、e、i、u、ü、er。

两个音素构成音节时，有三种情况：第一，由两个元音组成，即二合元音，有 8 个：ai、ao、ou、ia、ie、ua、uo、üe。第二，一个辅音声母，后加一个元音作韵母，没有韵头和尾，有 70 多个，如 ba、ji、zhu 等。第三，一个元音作韵腹，后加一个辅音（n、ng）作韵尾，有 6 个：an、ang、en、in、ing、ün。

由三个音素构成的音节，情况最复杂。由三个单元音组成，称之为三合元音或中响复合元音，有 4 个：uai、uei、iao、iou；两个辅音中间夹着一个元音，有一百零几个，如 jin、zhan、hang 等；两个元音后面加一个辅音韵尾，有 8 个：uen、uang、ian、ang、uan、uan、ueng、iong；一个辅音音素后加两个元音音素，大约有 90 个，如 hai、guo、shou 等。

四个音素组成的音节有两种情况：两个辅音音素中间夹着两个元音音素，有 40 多个，如 chuang、qiong、bian 等；一个辅音音素后加三个元音音素，有不超过 20 个，如 biao、guai、xiao 等。

（三）音节的特点

单元韵母（除舌尖元音韵母外），复合元音韵母和带鼻音的韵母都可以自成音节，这类音节没有声母，叫"零声母音节"。韵腹和声调是音节必不可少的成分，有的音节没有声母，也没有韵头和韵尾，但必须有韵腹。汉语的音节都是音素构成的，多达 4 个，少则 1 个，这些音素可以都是元音，也可以是元音加辅音构成，但不能都是辅音。音节中可以没有辅音，却不能缺少元音，3 个元音排列时，分别充当韵母的头、腹、尾。有辅音的音节，辅音只在开头或字尾出现，没有两个辅音并列的复辅音。

（四）音节的划分

汉语音节的划分标准是：一个汉字就是一个音节。如"我们学习普通话"7 个汉字，就是 wǒ、men、xué、xí、pǔ、tōng、huà 7 个音节。

但是，在语言的具体运用中，有时也会遇到困难。

其一，过去曾有过两个音节用一个汉字表示的情况，如 qiān wǎ（瓩）、hǎi lǐ

（浬）等。类似这样的汉字已被淘汰，因为它与汉语"一个音节一个汉字"的原则不符，因而代之以"千瓦""海里"。不过，一些人仍然习惯性地使用这些已被废弃的汉字。

其二，由于普通话语音中"儿化"现象的存在，也有两个汉字表示一个音节的情况，如"花儿"（huār）"尖儿"（jiānr）"猫儿"（māor）等，"r"只是表示元音的卷舌动作的符号，不能代表一个音素或音节，另外，r作为辅音充当声母时，也只在音节的开头出现，后面必须配以韵母，而作为卷舌符号它只依附在音节的末尾，不会出现在音节的开头位置，二者并不难区别。还要注意，那就是音节在快速连续语流中的变异现象，如"我们"（wǒ men）说快了就成了wǒm，"什么"（shén me）说快了就成了shénm。这种因快速、连读而不自觉地把第二个音节的韵母或韵尾读丢了的、把声母归并到第一个音节上去的现象有其存在的合理性，对于这种"音变"现象，从理论上还有待于进一步的认识和研究。

第二节　辅音和声母

一、辅音

（一）辅音的性质

辅音，又叫"子音"，是发音时自肺呼出的气流在口腔受到不同部位、不同方法、不同程度的阻碍而构成的音素，辅音可以是口音，也可以是鼻音。

汉语普通话语音共有22个辅音，根据成阻部位从口腔自前往后次序排定如下：b、p、m、f、z、c、s、d、t、n、l、zh、ch、sh、r、j、q、x、g、k、h、ng。

辅音音素是普通话语音中除元音音素外的另一大类，当初把它定名为"辅音"，可能是考虑到它在音节中对元音的辅助作用，但从发音实践来看，"辅助"并不意味着不重要，辅音和元音在音节终止时所处的位置不同。

辅音最重要的功能是在绝大多数音节中充当起头的声母，而且成为声母的唯一来源，普通话里的声母全部都是由辅音充当的。声母是吐字准确、清晰的基础和保证，一般认为，发音的准确性主要表现在声母上。另外，还有两个辅音（n、 ng）可以充当音节的韵尾。这一头一尾关系一个字音的准确、清晰、力度和完整。若与歌唱行腔中的吐字归音相比较，辅音在语音发声中的地位就更加重要了。

辅音发音时，口腔内有明显的阻碍动作，气流受阻后无法自由顺畅地通过，而且时值短，音势弱，易受到干扰，单就这一点来说，主音的发音要比元音更复杂。

（二）辅音发音的三个阶段

1. 成阻阶段

成阻阶段又叫"音首期"，是口腔内的某两个发音部位由静止状态到形成阻状态的阶段，它标志着辅音发音动作的起始。比如：双唇阻音 b 成阻时，软腭和小舌向后壁挺起，关闭鼻腔通路，紧闭上下唇阻气。

2. 持阻阶段

持阻阶段又叫"紧张期"，是辅音发音过程的中间相待阶段。在这一阶段，口腔内发音部位的阻碍作用继续保持，比如：双唇阻音 b 持阻时，仍然紧闭上下唇，从肺部源源不断呼出的气流盈满口腔后，不间断地冲击成阻的双唇，突破阻碍发音。

3. 除阻阶段

除阻阶段又叫"音尾期"，是辅音由发音状态回到静止状态、消除阻碍作用的结束阶段。从音节的拼合情况看，这一阶段就是辅音与它后面的元音韵母接触拼合的一刹那间。例如，双唇阻音 b 在除阻时，双唇突然打开，与此同时气流冲破双唇的阻力爆破而出，阻碍作用消除，发音状态结束。

原则上讲，成阻、持阻、除阻是辅音发音时必须历经的三个基本阶段。由于各个辅音的性质不同，发音情况也不完全一样，有的辅音像闭塞音 b、p、d、t、g、k 在构音过程中，这三个阶段就表现得特别明显，在除阻阶段发音，声音无法延长；有些辅音在第二阶段就先期完成了第三阶段的任务，在持阻阶段便发出一种能够延续的声音，一旦进入了除阻阶段发音则宣告结束，像 m、f、n、l、h、ng、x、s、r、sh 就属于这一类没有除阻阶段的辅音。

（三）辅音的发音特点

辅音体系比较繁复，有人曾经统计过，仅汉语语系中的辅音就有 80 多个，加上其他民族语言的辅音就数不胜数了。由此看来，汉语普通话中的辅音只是辅音体系中的一小部分，发音的部位和方法也不算复杂。

辅音的发音特点可以概括为以下几点：

一是发音时，气流在口腔显著地受到不同部位、不同方法、不同程度的阻碍，必须设法克服阻碍，或强行突破，或回避前面的阻碍，取道于鼻腔，例如，双唇阻音 p 在除阻时就是气流强行突破双唇的全阻，双唇突然打开；唇齿阻音 f 是在除阻时气流冲过唇齿之间的半阻；舌尖中阻音 n 则是气流回避舌尖与上牙床（上齿龈）之间的阻碍，迂回至鼻腔，从鼻孔透出的。

二是发音时，呼出的气流普遍较强。多数辅音是用呼出的强气流冲击发音部位的肌肉形成音波，又经口、鼻、咽等腔体的共鸣作用而形成的，就气流情况而言，17 个清辅音中，清塞音中的三个送气音 p、t、k 和清塞擦音中的三个送气音 q、ch、c 送气更加明显，呼出的气流又多又强。造成这种强气流的原因，一个是发辅音时口中有阻碍，"喷口"的力量强而急促。另一个是发音时声门没有及时关闭或关闭不紧，致使气流过多地从声门流出，例如，发 p、t、k 时，声门本来就是开启着的，气息涌入口腔较多；发 m、r 时声门关闭不紧，留有缝隙。由此可见，辅音就是由强急气流造成的，没有强急的气流就不会有辅音的音响。

三是发音时，口腔里只有阻气部位肌肉异常紧张，其余非阻气部位肌肉相对松弛，口腔内肌肉局部紧张，例如，发 d 和 t 时，舌尖和上齿龈阻气，紧张的只有舌尖；发 g 和 k 时，舌根和软腭的肌肉局部紧张。

四是在汉语的 22 个辅音中大部分是声带不颤动的清辅音，只有 5 个声带颤动的浊辅音。

五是大部分辅音发音时声音不很响亮，尤其是 b、d、g、j、zh、z 6 个不送气的清辅音，几乎难以听到。在声母教学中，这些不很响亮的辅音往往需要在其后面加上元音来增强响度，便于呼读，发 m、n、l、r、ng 时，虽然声带颤动，比其他清辅音的响度大些，但相比纯元音仍然不响亮。

六是大部分辅音是声波颤动无规则的噪音，分不出高低长短，也不能入乐，缺乏润泽。

七是辅音音素除了少数语气词、象声词是用辅音描写的以外（如 m、n 等已经元音化，勉强可以充当音节），绝大多数辅音都不能单独构成音节。汉语音节中没有复辅音现象（hm、hng 是描写接近于真实的语气词，其中的 m 和 ng

已经元音化、韵母化）。

（四）辅音的分类

1. 按发音部位分类

所谓发音部位是指发音时气流在口腔受到阻碍的部位，有的语音学者称之为"阻气的着力点"。发音器官受阻部分的主动部位和被动部位接触面的大小，接触点的每细微的改变都会形成不同的发音部位。

普通话 22 个辅音可归纳为 7 种发音部位，即有 7 种"阻"：双唇阻、唇齿阻、舌尖前阻、舌尖中阻、舌尖后阻、舌面阻、舌根阻，这些阻碍都是由口腔内阻气部位的两个方面接触或接近形成的，是以发音时形成阻碍的有关部位命名的，顺序按发音部位从前往后排定。

（1）双唇阻音：b、p、m

由上唇和下唇完全闭塞阻气构成。下唇为主动器官，成阻主要是下唇的向上运动，上唇只微动接合，互相接触紧闭全阻，阻气的着力点在双唇。例如"白布"（bái bù）中的 b、"瓢泼"（piáo pō）中的 p、"面貌"（miàn mào）中的 m 都是双唇阻音。具有半元音性质在音节中作"头母"的音素也属于双唇阻音，只是这一类音素发音时上下唇不是完全闭合阻气，而是将双唇撮起来阻气，要产生一定程度的摩擦，例如"五岳"（wǔ yuè）中的 w 和 y。

（2）唇齿阻音：f

由上唇和下唇内缘靠拢使气流受到阻碍构成。下唇为主动器官，阻气的着力点在上齿和下唇。例如"奋发"（fèn fā）中的 f 就是唇齿阻音。V（v）也是个唇齿阻音，与 f 发音部位相同，只是发音时声带颤动，是浊辅音。普通话语音系列虽然没有这个音素，但外语、少数民族语和方言中有这个音素。

（3）舌尖前阻音：z、c、s

由舌尖和上齿背接触或接近使气流受到阻碍构成，又称之为"平舌音"。发音时，阻气着力点在舌尖和上齿背，例如"造作"（zào zuò）中的 z、"措辞"（cuò cí）中的 c、"洒扫"（sǎ sǎo）中的 s 都是舌尖前阻音。

（4）舌尖中阻音：d、t、n、l

由舌尖和上门齿后面的上齿龈（上牙床）接触使气流受到阻碍构成，发音时，阻气的着力点在舌尖和上齿龈，例如"大队"（dà duì）中的 d、"天体"（tiān tǐ）中的 t、"恼怒"（nǎo nù）中的 n、"理论"（lǐ lùn）中的 l 都是舌尖中阻音。

（5）舌尖后阻音：zh、ch、sh、r

由翘起的舌尖与硬腭前部（上齿龈与硬腭的接合线处）接触或接近使气流受到阻碍构成，又称为"翘舌音"或"卷舌音"，发音时，阻气的着力点在舌尖和硬腭前端，例如"支柱"（zhī zhù）中的 zh、"驰骋"（chí chěng）中的 ch、"税收"（shuì shōu）中的 sh、"荏苒"（rěn rǎn）中的 r 都是舌尖后阻音。舌尖前阻、舌尖后阻、舌尖中阻音可合称为舌尖音，是以舌尖为主形成阻碍的主动部位发出的一类辅音。

（6）舌面阻音：j、q、x

舌头平放，舌尖抵下齿背，由舌面前部主动与硬腭前部接触或接近使气流受到阻碍构成，发音时阻气着力点在舌面前与前硬腭，例如"艰巨"（jiān jù）中的 j、"乔迁"（qiáo qiān）中的 q、"学校"（xué xiào）中的 x 都是舌面阻音。

（7）舌根阻音：g、k、h、ng

舌头后缩，由舌根主动抬起与软腭前部接触或接近使气流受到阻碍构成。发音时气力点在舌根和前软腭，例如"巩固"（gǒng gù）中的 g、"刻苦"（kè kǔ）中的 k、"欢呼"（huān hū）中的 h 都是舌根阻音。舌面阻音和舌根阻音可统称为舌面音，是以舌面为形成阻碍的主动器官而发出的一类辅音。舌面阻音 j、q、x 又可叫"舌面前阻音"，舌根阻音 g、k、h、ng 又可叫"舌面后阻音"。

另外，辅音还有齿间音、舌叶音、舌面中音、小舌音、喉音等，只是与普通话的关系不大。

2. 按发音方法分类

发音方法是指发音器形成阻碍及克服阻碍的方法，即音的发音方式。

普通话 22 个辅音可归纳为 5 种发音方法：塞音、擦音、塞擦音、鼻音、边音。每种方法都反映了辅音发音时成阻、持阻、除阻的不同状态。

（1）塞音：b、p、d、t、g、k

成阻时，软腭和小舌向后咽壁挺起，关闭鼻腔的通路，发音部位的两部分完全闭塞阻住气流（全阻），从肺部呼出的气流积蓄在阻碍部位后，不断冲击成阻的部位，在持阻阶段仍保持这种态势，除阻时，成阻的部位突然打开，解除阻碍，气流冲破阻碍爆破成声。b 和 p 是上下唇阻气，d 和 t 是舌尖与上齿龈阻气，g 和 k 是舌根与软腭阻气，尽管它们阻气的部位不同，但都具备先闭后放这一塞音的共性。塞音是全阻的，有闭塞和爆破两个动作阶段，因此又称为"闭塞音""破裂音""爆破音"，又因为塞音的除阻是一发即逝的，因此又称为"暂音"。不论称谓如何，它从一开始就在口腔内造成了塞音形成的先决条件——强有力的气流和压力，正是这种强气流和强压力使得塞音具备爆破的能力。普通话塞音的发出都是在除阻阶段实现的。

（2）擦音：f、s、sh、r、x、h

成阻时，软腭和小舌向后咽壁挺起，关闭鼻腔通路，发音部位的两部分先靠拢或不是很紧地接近，中间形成一条窄窄的、适度的缝隙（半阻）；持阻阶段，气流从这条窄缝中挤放出去，摩擦成声，直至延续到除阻发音结束为止。f 是在上齿与下唇内缘之间摩擦，s 是在舌尖与上齿背之间摩擦，sh 和 r 是在舌尖与前硬腭之间摩擦，x 是在前舌面与前硬腭之间摩擦，h 是在舌根与软腭之间摩擦。唇齿组的浊辅音 v 也是擦音，发音方法与 f 相同。擦音是语音学上"紧缩音"的一种，发音时带有相当大的摩擦成分，从肺部呼出的气流源源不断地供应口腔，可使这种摩擦音由持阻开始一直自由地延续到除阻，因此又称为"摩擦音""收敛音""久音"。紧缩音还包括边音、颤音、闪音和半元音。一般来说，擦音也有成阻、持阻、除阻三个阶段，属于"半阻"，发音全部表现在持阻阶段。这一点与塞音不同，也可以认为擦音的持阻阶段就是除阻阶段。擦音是摩擦出来的声音，在发清擦音 f、s、sh、x、h 时能听得出噪音性的音响，生活中每个人都有自己的言语习惯，发这一类擦音时，阻碍位之间的摩擦缝隙可能会宽窄不一。艺术语言发声要尽可能缩窄缝隙，以帮助收紧肌肉、节制气流。

（3）塞擦音：z、c、zh、ch、j、q

成阻时，软腭和小舌向后咽壁挺起，关闭鼻腔通，发音部位的两部分先构成完全闭塞的态势阻住气流，在相持一个阶段后，慢慢地放松原来闭塞的部位，形成一道缝隙，让气流从这个窄缝中挤放出去，摩擦成声。z 和 c 是舌尖与上齿背先阻后擦，zh 和 ch 是舌尖与前硬腭先阻后擦，j 和 q 是前舌面与前硬腭先阻后擦。塞擦音是同一部位的塞音与擦音两种方法的结合。在前半部分的成阻和持阻阶段，它的性质与塞音相似，完全闭塞，到了后半部分的除阻阶段，性质又相当于擦音，出现了摩擦成分。

每个塞擦音的发音过程都要经历这样三个阶段：一是塞音的准备和作势阶段，二是由塞音到擦音的过渡阶段（混合性质阶段），三是擦音的延续和完成阶段。塞擦音不是一个塞音和一个擦音复合平列地相加（像复辅音那样），而是由一个复合发音动作构成的独立的音素，前半部分相当于半个塞音音素，后半部分相当于半个擦音音素，它的基本特征是先阻塞后摩擦，以阻塞开始，以摩擦结束，塞擦音的摩擦阶段不如一个典型擦音那么长，其中不送气的 z、zh、j 的擦音阶段就更短一些。塞擦音和擦音的主要区别在于：擦音在开始成阻时，发音部位就已经形成了缝隙，而塞擦音则是在成阻时发音部位完全闭塞，待到除阻阶段才由气流冲开一条缝，开始摩擦。

（4）鼻音：m、n, ng

发音时，软腭和小舌自然垂下，打开鼻腔的通路，发音部位的两部分完全闭塞，封锁住口腔正面的出路，形成一道口腔屏障，迫使已经到达口腔的气流和音波迂回后转，与从肺部继续呼出的气流和声波接续合流后冲入鼻腔，产生口腔加上鼻腔的双重共鸣（口腔共鸣不得多于鼻腔）。气流和音波一旦弃口归鼻，就形成了鼻音的色彩。由于软腭和小舌的自然垂下，形成了口腔、鼻腔的联合通道，又由于鼻腔是不可变共鸣腔，声腔的变化完全取决于口腔阻部位的不同，因而形成了不同的鼻辅音。

m 是双唇阻气的鼻辅音，只能作声母；n 是舌尖与上齿龈阻气的鼻辅音，既能作声母又能作韵尾，作韵尾时称为前鼻音韵尾；ng 是舌根与软腭阻气的鼻辅音，只能作韵尾，称为后鼻音韵尾。发这类鼻辅音时，声门闭合，从肺部呼出的气流冲过声门时使声带颤动，形成音乐性的可以延长的音波，这种音波在持阻阶段发出，到了除阻阶段，发音结束。鼻音都是颤动声带的浊音。

（5）边音：l

成阻时，软腭和小舌向后咽壁挺起，关闭鼻腔通路，同时舌身后缩，舌尖稍向上卷与上齿龈接触构成阻碍（舌尖部上卷，舌头的左右边缘不能上卷，每一边缘都得留下条小缝隙），持阻时颤动声带的气流和音波从舌头两边窄缝里轻轻地、柔和地摩擦着滑出去，因此称为"边音"。由于它发音时口腔中缝阻塞，舌边开通，因此又称为"塞通音"，辅音音素只有舌尖中阻音 l 是边音。

边音和擦音的区别在于：无论哪一种擦音，其缝隙都在口腔的中部，而边音的缝隙却是在口腔的两边（舌头的两边），从实际发音中可以观察到，边音大都是从舌头两边流出的，个别也有从舌头的某一边流出的。边音虽有轻微的摩擦，却不如擦音那么强，如果摩擦过强，就成为"边擦音"，普通话里没有这种边擦音。边音是颤动声带的浊音，而擦音全是清音。发边音 l 时，舌尖与上齿龈接触的部位如果和同部位的 d、t、n 比较起来，应该稍后一点，因为发边音时唇角要咧开，舌位会相应后移。严格地说，发 l 时，舌尖应该与硬腭的前部成阻，舌面和上腭之间要有一定的距离。发边音时，在持阻阶段发出一种可以延长的声音，一旦进入除阻阶段，发音便告结束。由于边音的摩擦轻微，因此，语音学界有一种观点认为：边音发音时乐音成分占优势，是比较接近于元音的一种音素。

3. 按发音时声带的作用（动与否）分类

发音时声带颤动与否形成了声音的清与浊。发音的清浊是音韵学上的术语，又有全清、次清、全浊、次浊之分。

（1）清音

22 个辅音音素有 17 个是音值不能延长的、音高又无法确定的噪音，这些噪音在发音时声带松弛，声门敞开，从肺部出的气流可以顺利地通过喉头，到了口腔才碰到阻碍，语音学上把这种不颤动声带发出的噪音称作"清辅音"或"清音"。清音是由气流在口腔受到阻碍形成的，与声带无关，又不带乐音成分，因此又称为"不带音"。普通话的 17 个清辅音：双唇阻的 b、p，唇齿阻的 f，舌尖前阻的 z、c、s，舌尖中阻的 d、t，舌尖后阻的 zh、ch、sh，舌面阻的 j、q、x，舌根阻的 g、k、h。

（2）浊音

另有 5 个辅音是音值可以延长、发音时颤动声带的混合音，它们带有乐音和噪音的双重性质。这类音素在发音时两条声带并拢，声门形成一条缝隙，透出的音波带乐音的性质，语音学上把这种混合音称作"浊辅音""浊音""带音"，普通话的 5 个浊辅音：双唇阻的 m，舌尖中阻的 n、l，舌尖后阻的 r，舌根阻的 ng。从理论上讲，普通话里既然有清辅音，就应该有相同部位的浊辅音。事实上，在各种方言里这种情况并非整齐地两两相对。比如在普通话里，清辅音的数量几乎是浊辅音的 4 倍，清浊辅音真正成对的只有 sh 和 r。

4.按气息的强度大小（送气与不送气）分类

送气与不送气是指发音时从口腔中呼出气流的强弱、多少，即除阻时呼气的强度大小。在汉民族的各种语言里，没有任何一个音素是不用气发出的。在实际发声中，对于气流的运用却有着明显的强弱、多少和长短的不同。辅音发音要比元音发音气流量多，辅音的特性就是由强气流造成的，没有较强的气流就不可能形成强有力的辅音，要控制好这股较强的气流必须掌握一种技巧，即唇舌的喷弹力。不论辅音本身送不送气，都不允许毫无节制地用胸腹去充气，这样容易"漏气"，形成"气音"。

发不同的辅音，气流的强弱也是不一样的。清辅音的气流强些，浊辅音的气流相对弱些。在清辅音内部，塞音和塞擦音又明显地分出 6 对同部位、同方法的送气音和不送气音。语音学上把发音时呼出气流较强、较显著的清辅音称作送气音，把呼出气流较弱、较和缓的清辅音称作不送气音。6 个不送气音是 b、d、g、j、zh、z，6 个送气音是 p、t、k、q、ch、c。

由于塞音和塞擦音的除阻阶段特别明显，所以送气音与不送气音只在塞音和塞擦音中区别，各有 3 对。擦音、鼻音、边音无所谓送不送气。

送气与不送气是相对而言的，不送气的辅音并非一点气也不出，只不过比起同部位的送气音来气流相对弱些，它是自然地放出，然后紧跟着接发下面的元音。尽管它们是不送气的，但比元音发音时气流强。送气音是在除阻时紧跟着从口中有力地喷出一股强烈的气流来，然后才接发元音。发送气音时，可将一张纸片放在嘴前，纸片受到气流冲击会明显地抖动起来。

送气与不送气，在普通话里有区别词义的作用。例如在"肚子饱了"和"兔子跑了"两句话里，"肚"和"兔"、"饱"和"跑"，两对辅音声母的发音部位和发音方法完全相同，就是因为送气程度不同才有了词义的区别。

二、声母

（一）声母的定义

在汉语语音体系中，声母是每个字发音的开始，它决定着吐字是否清晰准确。从字音结构的角度讲，字头不清，字音就会不准。比如把"条"读成"桃"，"天"

读成"颠",就是由于没有把声母 d、t 读准确,导致发音错误。声母的发音要有充足的气息,利用气流的冲击产生摩擦,准确把声母"送出去"。比如辅音 b、p 的发音,要求上下唇紧闭,蓄气成阻,然后用气流冲开紧闭的双唇,发出准确的音。字头部分在发音过程中时值最短,这也是准确发音的基本保证。

(二)声母的发音

在汉语拼音中,有 22 个辅音,其中声母一共 21 个,分别是:b、p、m、f、d、t、n、l、g、k、h、j、q、x、zh、ch、sh、r、z、c、s,其中 n 还可以充当韵尾,第 22 个辅音是后鼻辅音 ng,只能作韵尾,不能作声母。声母的发音大部分不颤动声带(声母中只有少数字音颤动声带,主要指 n、l、m、r),因此发出的声音比较微弱,发音时值短暂,不能任意延长。因此,声母发音要求敏捷、短促、有力。

(三)零声母的分类

零声母音节可以分成四类。在韵母是 I、u、ü 或以 I、u、ü 起头的零声母音节里,发音带有半元音 [j]、[w] 等性质;在以 α、o、e 等元音起头的音节里,发音时前面往往带有一种喉塞音。

1. i 自成音节或以 i 起头的音节

这类零声母音节共有 10 个:i、ia、ie、iao、iou、ian、in、iang、ing、iong。这类音节中的 i 在发音时,舌面前部(舌叶)与前硬腭很接近,只剩下很窄的缝隙,口腔内的通道比发纯元音 i[i] 时窄,气流通过时产生轻微的摩擦,元音成为"半元音"。语音学界用国际音标 [j] 来标示这个半元音。《汉语拼音方案》规定,这类音素或音素组合,如果自成音节,在书写时一律用字母"y"起头,要在前面加上 y 或将 i 改写成 y,i 要写成 yi,ia 要写成 ya,ie 要写成 ye,iao 要写成 yao,iou 要写成 you,ian 要写成 yan,in 要写成 yin,iang 要写成 yang,ing 要写成 ying,iong 要写成 yong。

2. u 自成音节或以 u 起头的音节

这类零声母音节共有 9 个:u、ua、uo、uai、uei、uan、uen、uang、ueng。u 在发音时,双唇比发纯元音 u[u] 时更为靠拢,口腔的缝隙也更窄,气流通过时会产生轻微的摩擦。语音学界一般用国际音标 [w] 标示这个半元音。《汉语拼音方案》规定,这类音素或音素组合在自成音节时,书写一律用字母 w 起头,要在前面加上 w 或将 u 改写成 w。u 要写成 wu，ua 要写成 wa，uo 要写成 wo，uai 要写成 wai，uei 要写成 wei，uan 要写成 wan，uen 要写成 wen，uang 要写成 wang，ueng 要写成 weng。

3. ü 自成音节或以 ü 起头的音节

这类零声母音节共有 4 个：ü、üe、üan、ün。发 ü 时，舌面前部（舌叶）与前硬腭很接近，只剩下很窄的缝隙，口腔内的通道比发纯元音 ü[y] 时窄，气流通过时除了舌腭之间有摩擦外，双唇也会轻微摩擦。《汉语拼音方案》规定：这一类前面没有声母的音节，在书写时一律用 y 起头，要在前面加上字母 y，ü 上的两点省略。ü 要写成 yu，üe 要写成 yue，üan 要写成 yuan，ün 要写成 yun。

4. i、u、ü 以外的由元音起头的音节

这一类零声母音节共有 11 个：a、o、e、ai、ei、ao、ou、an、en、ang、eng。发音时喉部先关闭然后再打开，气流冲出，喉部爆发，发的是喉音，摩擦也不如发半元音 [j]、[w] 时那么明显，标音时不另加符号，仍用 a、o、e 起头。

字母 y 和 w 是《汉语拼音方案》的特殊规定，严格地说，它们不能称为声母，叫"头母"比较合适。它们一方面是为了分隔音节，作用与隔音符号相同，表示一个音节的开端，另一方面它们不仅在书写时起作用，实际发音时也有用处。y 和 w 表明零声母音节的开头确实有个"字头"的存在。在生活语言里，当说话不太用力时，这个字头时隐时现，语义的表达不受多大影响。在艺术语言里，它们却是不容忽视的。零声母音节的前面由于缺少辅音的限制作用，往往不容易引起发音器官的局部紧张，利用好这个字头去读零声母音节，才能带动字腹和字尾。从这一点上讲，"头母" y、w 还有节制气流的作用，零声母音节的前面如果没有节流的成分，气流的消耗量就会成倍地增加，给准确成字带来困难。

三、辅音与声母的异同

方块汉字是内容和形式脱节的表音文字，因此无法从外部字形上分析出它的音素。传统的字音分析法是把一个字（音节）粗略地分成前后两个部分，前半部分是辅音音素，后半部分是单个元音，或元音加元音，或元音加辅音。

于是，语音学上便把这种一个音节中起头的辅音音素叫作声母。声母处在音

节的首位，起着审理和统领字音的作用，严格地说，普通话共有21个声母。前面讲到的22个辅音音素除了舌根组的鼻辅音 ng 外，其余的都可以作声母。

声母的顺序按发音部位排定：b、p、m、f、d、t、n、l、g、k、h、j、q、x、zh、ch、sh、r、z、c、s。

从声音的性质来说，声母和辅音一样，前面所讲到的辅音的性质和分类法基本上也适于声母，但是，声母和辅音毕竟是两个不同的概念，辅音是一般语言学上的名词，声母则是由古汉语音韵学沿用至今的名词。语音学对语音的客观描写有时要利用各种实验方法证明语音的生理和物理现象，而古汉语音韵学则是把语音作为一个系统来观察，研究各种语音现象之间的相互联系，它总是从属于一种具体语言，有着鲜明的民族特色。一千多年来，汉民族的音韵学已经形成了自己的理论和研究方法。所以说，声母和辅音的所指尽管大致相同，但它们所依据的原则却是完全不同的，声母是就音节而言的，它是音节里第一个辅音音素；辅音则是就音素的性质而言的，也不是全部可作为声母。声母和辅音的存在和应用角度不同，应该允许它们之间有差别。

另外，单从数量上看，辅音音素有22个，声母只有21个，声母固然全由辅音充当，但辅音除了作声母外，还能作韵尾，在使用范围上，辅音的概念大于声母。例如"广播"（guǎng bō）两音节的声母 g 和 b 都是辅音，"电视"（diàn shì）两音节的声母 d 和 sh 也都是辅音。辅音音素 ng 不能作声母，在音节中唯一的用途就是作韵尾，如"长征"（cháng zhēng）"东方"（dōng fāng）四个音节的韵尾都是 ng。辅音音素 n 既能作声母，也能作韵尾。n 在"奶牛"（nǎi niú）两音节中作声母，在"展览"（zhǎn lǎn）两音节中作韵尾。

声母自然发出的本质原音叫本音或纯粹音。辅音声母除了5个浊辅音外，大部分是不颤动声带的清音，它们的本音发音都不清晰、不响亮，尤其6对不送气的塞音和塞擦音，纯粹的本音发音几乎是听不到的。为了拼音教学的方便，最普遍的是在每个声母的后面伴以不同的元音音素称读，这样就自然响亮得多了。这种以元音相伴的声母称为呼读音。呼读音不是本音，但比较接近于本音，后面附加的又轻又短的元音是在本音发完后，口型、舌位恢复成正常状态时自然形成的一种声音。

bo、po、mo、fo——双唇阻音和唇齿阻音的后面加元音 o。这个 o 已经不是典型的后半高元音，汉语音韵学一般认为是 uo，为了简化起见写成 o。

de、te、ne、le、ge、ke、he——舌尖中阻音和舌根阻音的后面加元音 e。舌尖由上齿龈自然放下或舌根由软腭自然放下，恢复到中央部位时，自然也就是 e 了。

ji、qi、xi——舌面阻音后面加元音 i。这个 i 也不是典型的前高元音，而是在辅音 j、q、x 发完后稍稍下降一点的位置，比典型的前高元音要低些，大约在前中的位置。

zhi、chi、shi、ri——舌尖后阻音后面加上专门为其设立的舌尖后元音 -i（后）。

zi、ci、si——舌尖前阻音后面加上专门为其设立的舌尖前元音 -i（前）。

呼读音并非《汉语拼音方案》的规定，而是为了方便起见，在拼音教学中运用的声母读音。呼读音是辅音声母后面加上元音，读起来如同一个音节，自然要比本音容易掌握。但是，作为语言工作者，学习声母的目的主要是正确地认识、分析音节现象，以求准确无误地拼读音节。因此，要努力掌握声母本音的发音，自觉地甩掉本音后面依附的元音。

第三节 元音和韵母

一、元音

（一）元音的性质

元音最基本的特征是：发音时，从肺部呼出的气流在咽头、口腔（上声道）等各个部位不受任何阻碍，只需要利用口腔不同作形的调节就可以发出色彩各异的音素来。

从物理学方面看，元音都是和谐的乐音性声波（耳语的元音除外）。乐音是通过不同形状共鸣器的调节而产生的音色，它决定着每个元音的具体性质。

从生理学方面看，元音的性质主要是由口腔作形决定的，而口腔的作形又取决于下腭、舌头和双唇的各种不同的作势。下腭可以上下移动，控制着口腔内部空间区域的大小。下腭上移，与上腭的距离缩短，口腔的容积就变小，反之，下腭下移，口腔容积就会增大。舌头附着在下腭上，随下腭的上下移动可以相应地升高或降低，它的前伸后缩、凸起凹落在一定程度上决定着口腔容积的大小和元音舌位的前后高低。双唇可以向两边展开，呈扁平状，也可以向前凸起，收敛拢圆，还可以不扁不圆呈自然状。此外，软腭和小舌的活动状态也是构成不同共鸣腔体的一个重要因素。

发一般元音时，软腭要带着小舌向后咽壁挺起，锁住气流和音波通往鼻腔的通道，只利用口腔共鸣器调节纯粹的口音。这是普通话元音发音的一条最基本的原则。如果软腭和小舌放松下垂，打开这条通道，气流和音波就会自咽头一分为二，从口腔和鼻腔同时流出，这样就构成了一种由口腔、鼻腔交织共鸣形成的元音，语音学称为"鼻化元音"，理论上这种情况是不存在的。可以说，每一个元音的形成都是由这四个发音部位联合发挥作用的结果，而每个发音部位的任何改变都直接影响口腔形状的改变，都会形成不同质的元音。

（二）元音发音的三个阶段

元音（仅指单元音）的发音过程也可以分成三个阶段：紧张阶段，由静止状态到发音状态，即元音的启动；持续阶段，元音在某一种发音状态下的延续和伸展；缓和阶段，由持续发音的状态转回到静止状态的收束动作。

由于元音是可以延长音值的乐音，所以在这些阶段中最有意义的是持续状态的操作和把握。如果没有相当一段时间的持续，就不会有元音的存在，发好元音的关键在于延长并保持元音音值。

（三）元音的发音特点

普通话里所有的元音都是纯粹的口音，不像辅音那样既有口音又有鼻音。这就要求发音者不论唇形和舌位如何变化，都务必将软腭和小舌后举抵住咽壁，关闭鼻腔通路。

与辅音相比较，元音的发音有以下几个显著特点：

一是元音发音时气流和音波在口腔不受任何阻碍就能顺利地通过各个关口，舌头和唇形的变化只起调节、限制作用；辅音发音时气流（浊音带音波）会受到不同部位、不同方法和不同程度的阻碍，必须排除阻碍才能通过。

二是元音发音时除声带以外的发音器官的各个部位呈现出均衡紧张的态势，

满口用力，甚至胸部以上都参与了发音；辅音发音时只有阻碍气流部位的肌肉特别紧张，其余均无明显的紧张迹象。

三是元音发音时声门紧闭，呼出的气流和音波冲破声带的闭锁，从声门的狭缝中均匀地、有节奏地流出，使声带颤动，都是"带音"；发辅音时大多数清音都不颤动声带（耳语时所有的音都不带音，元音也不例外）。

四是元音发音时声带的颤动减缓了气流和音波呼出时的流速和强度，因而发出的声音比较和缓平舒；辅音发音气流又冲又强，清辅音的气流比浊辅音强，送气的清辅音更强，有时像受阻后奔泻的河水一样急促。

五是元音的响度大，清晰、明亮；辅音响度小，只有浊辅音的响度稍大一些。

六是元音都是音波颤动有规则的乐音，色彩明朗，可以入乐；辅音中大多数是噪音，只有几个浊辅音能唱。

七是有的元音可以自成音节，独立地表达一个完整的意思，如"啊"（a）"饿"（e）等，而辅音没有这种功能。

元音是一个音节的必备成分，从"广播电台"（guǎng bō diàn tái）四个音节中可以明显地感受到元音的存在。元音是音节的骨干和精华，一个音节的响亮度如何、色彩感如何，关键就看其中元音音素的发音质量。所以，在吐字发声训练中，元音的发音向来备受重视，歌唱发声也常用6个主要元音（母音）作训练材料。

元音的发音主要由声带颤动造成音波。声带是元音的发音体，口腔是元音的共鸣器，元音经过口腔的美化和扩大才能放出光彩。

（四）元音的分类

元音的不同，主要是由不同的口腔作形造成的，舌头的升降伸缩、唇形的平展圆敛都会形成不同质的元音音色。根据元音的性质，可以按发音器官的状态确定元音（单元音）的分类：口腔的开合度（舌位的高低）、舌位的前后、唇形的圆展。

1. 按口腔的开合分类

口腔的开合指的是发音时口腔内空间的大小。口腔的开合程度与舌位的高低呈反比。舌位是指舌面隆起部分与上腭最近的一点，即舌头的最高点，又叫舌高点。舌位高，口腔的开度小；舌位低，口腔的开度大。舌位的高低在元音的发音过程中很关键，舌位不同，共鸣点就不同，所产生的元音音色也就不同。

为了表述方便，把舌头的位置分成高、半高、半低和低四度。这样就可以划分出舌面元音的四个基本类型。

（1）高元音（闭元音）

发音时口腔开度极小（基本上处于闭合状态），舌面与上腭的距离很近，却不构成任何摩擦。普通话里的 i、u、ü 都属于这种高闭元音类型。

（2）半高元音（半闭元音）

发音时口腔开度比起高闭元音稍大一点（口腔半闭），舌位略低。普通话里的 o、e 属于这种半高半闭的类型。

（3）半低元音（半开元音）

发音时口腔开度比半高半闭元音更大一些（口腔半开），舌位也更低一些。普通话里只有一个元音 ê[ɛ] 属之。这个 ê[ɛ] 即"越野"（yuè yě）中的韵腹部分，与半高元音 e 截然不同。

（4）低元音（开元音）

发音时口腔开度最大，舌面也降到了最低点，几乎平铺在口腔的底部。普通话里的 a 就是这样的开低元音。

除了以上四个基本类型，还有中元音，即口腔开度和舌位正好在口腔的中部，普通话轻声字"的"（de）中的韵母 e 即属于中元音。另外还有口腔开度和舌面高度都介乎于两个元音之间的中介元音，大多出现在方言和外来语里。

2. 按舌位的前后分类

指发音时舌头的隆起点（舌高点）或者说发音时舌头节制气流的位置在口腔的前后。按舌高点的前后，可以将 7 个舌面元音分为前列、中列、后列三种类型。

第一，前列元音。发音时舌头前伸，抵住下齿背，舌面前部隆起对着硬腭的前部而发出的一类元音。发音的作用点在口腔的前半部分，前声腔小，后声腔大。普通话里的 i、u、ü 就是前元音。另外，ian 和 üan 中的 a 实际上也是前元音。在三个前元音中，i 和 ü 的舌位大致相同。

第二，中列元音（央元音）。发音时，舌高点居口腔中部，大致是舌面中部对着软硬腭接合线的地方。发音的作用点在口腔的中部，前后声腔大小相同。普通话里只有 a 属于这种典型的央元音。如果细分起来，轻声字"的"（de）中的 e 也应属于央元音。

第三，后列元音。发音时舌身后缩，舌尖离开下齿背，舌根部对着软腭，发音作用点在口腔后部，前声腔大，后声腔小。普通话里的 o、e、u 都属于后元音，"ang（昂）"中的 a 也属于后元音。在 o、e、u 三个后元音中，u 的舌位最靠后，o 和 e 的舌位基本相同，比 u 稍前一些，称它们为"中后元音"也许更合适些。

以上介绍的高、半高、半低、低元音和前、中、后列元音都是就舌面元音而言的，也有人叫它们"基本元音"。"舌面元音"，就是指在发音时由舌面（主要是舌高点）与上腭的某一点发生作用的。普通话里的 a、o、e、i、u、ü 都是这种舌面元音，也可以叫它们一般元音。

此外，还有三个特殊元音也是单元音，其中两个是以舌尖节制气流而构成的舌尖元音（一个是舌尖前元音，一个是舌尖后元音），再一个是卷舌元音。

舌尖前元音。发音时舌尖向前伸，靠近上齿龈的前部，不允许摩擦。它也是高元音的一种，只是发音时舌尖起主导作用。普通话里的"资"（zī）"疵"（cī）"思"（sī）中作韵母的元音 -i（前）就是这类舌尖前元音。

舌尖后元音。发音时舌尖向上翘起，靠近硬腭的前部，不允许有摩擦。它也属于高元音的一种，发音时舌尖起主导作用。普通话里的"知"（zhī）"吃"（chī）"师"（shī）"日"（rì）中作韵母的 -i（后）就是这类舌尖后元音。

卷舌元音。在发舌面元音的同时，把舌尖翘起对着硬腭前部，使舌面和舌尖同时起作用，形成一种特殊的音色。普通话里的 er 就是卷舌元音，如"花儿"中的卷舌部分。

3. 按唇形的圆展分类

按唇形的圆展分类是指发音时双唇的拢圆、中常和展开三种状态。按唇形的圆展，可以将 7 个舌面元音分为圆唇元音、中常元音和展唇元音三种类型。

（1）圆唇元音

圆唇元音指发音时双唇拢圆发出的元音。普通话单元音中的 ü、u、o 都属于圆唇性质的元音。ü、u、o 尽管都属于圆唇元音，但是它们的唇形圆度却是有区别的。ü 和 u 最圆，上下唇收敛起来聚在一块，中间只剩下一个小小的圆孔；o 是次圆，上下唇只是稍作收拢，大致像个圆形而已，因此也可以将 o 称作中圆元音。

（2）中常元音

发音时，唇形不圆不扁，呈自然状态的元音。普通话中只有 a 属于这类中常元音。

（3）展唇元音

发音时，双唇舒展开来，呈扁平状。单元音 i、e 都属于展唇类型，其唇形的展度不同。发 i 时，嘴角咧得最开；发 e 时，唇形比较自然。口腔的开合度（舌位的高低）、舌位的前后以及唇形的圆展都不是绝对不变的，实际运用起来或多或少会发生一些变化。但在同一种语系里，在同一个人的发音过程中，大致还是基本稳定的。

二、韵母

（一）韵母的定义

韵母是一个中国汉语音韵学术语，是汉语字音中声母、字调以外的部分。旧称为韵。韵母由韵头（介音）、韵腹（主要元音）、韵尾三部分组成。与"字头"紧密连接的就是"字腹"部分，也就是汉语语音中的韵母，在歌唱中也叫作母音或元音。韵母在发声时不会受到阻碍，都是由声带振动产生的，在日常交际，尤其是歌唱时，韵母的时值较长，音量较大，对歌唱时的音色、共鸣会产生直接影响。

普通话韵母的分类标准一般有三个：内部结构特点、介音（韵头）、韵尾。

（二）韵母的分类

1. 按内部结构特点来划分

（1）单元音韵母

以单元音构成的韵母，又叫单韵。在 a、o、e、i、u、ü、ê、er、-i[前]、-i[后] 中，除两个舌尖元音和 ê 外，其余的 7 个都可以自成音节。单元音韵母全都是由单元音充当的，它具备了单元音发音的所有特点，除了气流和音波在口腔不受显著阻碍、发音器官均衡紧张、声带颤动外，在发音过程中还要求舌位、唇形始终如一，不允许有动程。

（2）复合元音韵母

由两个或三个元音组成的韵母，又叫复韵母。在13个复韵母中，由两个元音组成的叫二合元音韵母，可进一步分为前响元音韵母和后响元音韵母。前响韵母有4个：ai、ei、ao、ou，后响韵母有5个：ia、ie、ua、uo、üe。三合元音韵母是由三个元音组成的韵母，有4个：iao、iou、uai、uei，又叫中响元音韵母。复合元音韵母体现了复合元音的特点。复合元音的整个音组是在几个元音音素舌位和唇形的连续移动中形成的，舌位的这种移动过程叫"动程"。比较而言，二合元音韵母舌位移动轨迹基本上是直线形的，三合元音韵母舌位移动轨迹大致是曲线形的。

（3）鼻音韵母

由单元音或复合元音带上鼻辅音（n或ng）作韵尾构成的韵母，叫鼻韵母。普通话的16个鼻韵母又分成两类，由元音加辅音尾n组成的叫前鼻音韵母，有8个；由元音加上辅音尾ng组成的韵母叫后鼻音韵母，也有8个。

2. 以介音（韵头）做标准来划分

以介音（韵头）做标准来划分，可分为开口呼韵母、齐齿呼韵母、合口呼韵母和撮口呼韵母，称为"四呼"。按现代汉语分类，"四呼"的定义应当是这样的：

（1）开口呼

没有韵头，主要元音不是i、u、ü的韵母。普通话里有15个开口呼韵母：a、o、e、ê、er、-i（前）、-i（后）、ai、ei、ao、ou、an、en、ang、eng。

（2）齐齿呼

主要元音或韵头为i的韵母。普通话里有9个齐齿呼韵母：i、ia、ie、iao、iou、ian、in、iang、ing。

（3）合口呼

主要元音或韵头为u的韵母。普通话里有10个合口呼韵母：u、ua、uo、uai、uan、uei、uang、uen、ueng、ong。韵母ong中的o实际发音介于o和u之间，舌位比u略低，接近u的发音，所以将韵母ong归入合口呼。

（4）撮口呼

主要元音或韵头为 u 的韵母。普通话里有 5 个撮口呼韵母：ü、üe、üan、ün、iong。韵母 iong 的发音，带有唇形撮起的动作，所以将其归入撮口呼。

3. 以韵尾作标准来划分

以韵尾作标准，可分为开尾韵母、元音尾韵母、鼻音尾韵母、卷舌韵母四类。

（1）开尾韵母

以单元音或后响复合元音做韵母的，如 a、ie 等。严格地讲，这类以韵腹结尾的韵母，在吐字归音理论中是不将其作韵尾处理的。

（2）元音尾韵母

以前响或中响复合元音作韵母的，只有 i、u（o）两个，如 ou、uai 等按语音理论，以元音结尾的音节都叫开音节，包括开尾音节和元音尾音节两种。

（3）鼻音尾韵母

以辅音 n 或 ng 收尾的韵母，如 ün、eng 等。按语音理论，以鼻辅音收尾的和以塞音收尾的音节叫闭音节。普通话里已经没有以塞音结尾的现象。

（4）卷舌韵母

包括 er 和儿化韵。严格地讲，这一类韵母以卷舌动作结束。

三、元音与韵母的异同

普通话的韵母一共有 39 个，其中 10 个单元音韵母是 a、o、e、i、u、ü、ê、er、-i（前）、-i（后），13 个复合元音韵母是 ai、ei、ao、ou、ia、ie、ua、uo、üe、iao、iou、uai、uei，16 个鼻韵母是 an、ian、uan、üan、en、in、uen、ün、ang、iang、uang、eng、ing、ueng、ong、iong。

韵母是汉语音节中除声母外的部分。一个音节如果有声母，那么声母后面的就是韵母；如果没有声母，那么整个音节就是由韵母构成的零声母音节。

韵母是传统汉语音韵学上的概念，元音是现代语音学上的概念。虽然组成韵母的音素绝大多数是元音，但两者不能等同。它们的区别主要有两点：一是角度不同，元音是就音素本身的性质来说的，而韵母是就汉语的音节结构而言的。二是范围不同，韵母的范围显然要大于元音，韵母中除了单元音韵母外，还有复合元音韵母和鼻韵母，它们都是几个元音或元音加上辅音的组合。

第四节　声调

一、声调的概念

声调，又称字调，具体到汉语里，就是每个汉字（音节）实际发音时所贯穿反映出的具有辨义作用的高低升降的变化形式。它存在于某一个汉字的内部，而不是语句中由于语气和情感不同所引起的声音的高低、轻重和快慢。

在汉语里，同样是"ke yi"两个音节，声调不同表示两种乃至更多的意思，它既可以是"可以"，也可以是"刻意"，还可以是"可意"或"可疑"。可见声调的基本职能就是区别词义。尤其是单音节词占优势的古汉语，声、韵相同的字因其声调的差异而意义不同。现代汉语的复音词增多，声调的重要性较之古汉语似乎略显逊色。但由于汉语的传承，声调仍然保持着特有的价值，与声母、韵母共同构成汉语音节的三要素。也正因为汉字有了声调抑扬顿挫的变化，汉语音韵美的特色才能充分地展现。

二、声调的性质

声调与音长有一定的关联，一般认为汉语的声调是音高配以音长的总和，但主导方面还是音高。在汉语里，每一类声调都不代表固定的音高。嗓音的高低常常因时、因人而异，一般说来，女性、儿童的声带短而紧，音调高些；男性、老人的声带长而松，音调相对低些。这并不影响语义的表达，即使是同一个人说话，受情绪的影响，也会出现嗓音的高低，但并不影响声调的高低升降。只要能在自己嗓音条件允许的范围内，发出比例合适的高低音就可以表意交流。因此不可能去硬性规定声调的频率，只能客观地展现其性状和形态。

汉语声调构成，不仅取决于字音的高低，同时还取决于高低的变化。有的音节在发音过程中从头至尾都能维持高低的平衡（声音自始至终保持同样的松紧度）；有的音节前后无法保持一致，不是前高后低（声带先紧后松），就是前低后高（声带先松后紧）；有的音节首尾间有曲折（声带松紧相间，有调节动作），高低维持时间的长短也不均衡，于是就有了音节高、低、升、降、曲、直、长、短的配合变化。这种性质与乐谱上反映出的音高有些类似，不过，音阶的音高是绝对的，而声调的音高却是相对的。另外，乐曲中的音阶移动轨迹常常是跳进式的，由一个音阶可以立刻跳行到另一个音阶，而汉字声调高低升降的变化却是逐渐滑行的，由一点滑向另一点，其间需经无数个阶梯式的过渡点。二者有联系，又有区别，区别是主要的、显著的。

三、普通话的调值和调类

声调包括调值和调类两个方面，其实用价值也体现在调值和调类上。

调值，又叫调形，是声调高低升降的具体变化形式，是一个汉字（音节）声调的实际读法。现代汉语各个方言的调值最基本的类型有平调、升调、降调、曲折调。

调类，是根据能区别意义的调值归纳出的声调的类别，有一定的顺序并有特定名称。它反映的是声调的分类归属情况，也有人称它为"音高模式"。声调的类别依调值划分，凡调值相同的都可以归入同一类。一般来讲，有几种调值就有几个调类（连音变调除外）。对于调类名称，有沿袭古调类的，如平、上、去、入；有按现今分化的情况在古调类基础上另行命名的，如阴平、阳平等；有舍弃旧名只用高平、全降等来称说的；或者就叫第一声、第二声。

调值是声调的"实"，调类是声调的"名"。由于各地方言的复杂，它们很难名实相符。在不同的方言里，调类相同的，调值却不一定相同；调值相同的，不一定属于同一调类；调类和调值即使都一样，所包含的汉字又可能不同。二者相比，调值的难度更大一些。初学普通话时，把每个汉字的调值读准更有实际意义。

普通话有四种调类：阴平调、阳平调、上声调、去声调，简称阴、阳、上、去。这是四类正常的调类，另外还有轻声、变调。

阴平调，又称高平调，调值55。发音时声带自始至终紧张，声调保持又高又平的状态，首尾差别不大。

阳平调，又称中升调或高升调，调值35。调头起于中位3度，渐渐直线上升，升到最高点5度，其终点甚至比阴平的起点还高一些，声带先松后紧。

上声调，又称降升调，是个曲折的调子，调值214。起头时比阳平的调头还低，先在2度，略微下降到低1度，然后拖长，拖到一定程度后又快速折转升高到 4 度，终点实际接近于阴平调的调头。上声调的前半个调子下降，拖长的部分实际上要长于后半部分，上升阶段短促，声带呈紧—松—紧的状态，全调音值最长。

去声调，又称全降调，调值 51。由高 5 度猛然下降，一直降到低 1 度，声带由紧到松，调程比阴平、阳平长些。

普通话的基本调值可以简单地归纳为：一平、二升、三曲、四降。

上声的标记为 214，看起来好像前半部分 21 段短，后半部分 14 段长，这是受了线条地位的局限，其实应该是中间拉平的 21 段长，14 段很短促，声音向上一扬即止。但如果按实际发音状态标记，太占地方，也不雅观，把上声调值理解为 214，似乎更确切一些。

四声的调值，只是一个粗略的标记，在实际发音过程中每个调值都不可能扯得那样直，当中存在着关系不大的起伏或误差。阴平声达不到 55 极限，去声的速度也稍低于 5。

按《汉语拼音方案》的规定，虽然声调符号标在了主要元音上，但其高低升降变化是贯穿于整个音节的，而不仅仅是主要元音的高低。换句话说，声调与整个音节的发音是一个共时的过程。零声母音节只有一个元音或几个复合音（包括以浊辅音 n 或 ng 结尾的），声带的松紧变化自然由头贯到尾，头音和尾音也带音，它们共同担负着表示音高的功能；浊辅音声母音节，所有的音素都带音，声带的作用也头尾相衔，依附在元音和浊辅音上，只是在主要元音上表现得较为突出；只有清辅音声母音节，声调在起音时才不起作用，声带的松紧变化自韵母始，当然，在韵尾也有所体现。

要将每个调类的调值读得准确到位、行走和延续控制得自如娴熟，必须强化训练。度数应够，幅度应满，痕迹应清晰。阴平调的 55 调值需保持得又高又平；阳平调需从中度 3 向上 5 度扬起；上声调需先由 2 度降到 1 度，然后拐升至 4 度，降要降得下来，升要升得上去，后半截拐升的途程比前半截要至少长一倍；去声调需由 5 度直接降到 1 度，途程比上声调稍短，但比阴平调、阳平调都长。

第五节　语流音变

平时，人们不会单发一个音素或音节，更多的是在规定时间内将一些音（音节）组合起来连续地发出来，以句子表达语义。换句话说，发出或听到的音常常是以诸音结合的状态形成的语流。"结合音体"使相邻的音素之间、音节之间、声调之间相互影响，使语音发生由有到无或由此及彼的变化，语音学把这种变化称为"联合音变"或"语流音变"。

一般常见的语流音变有：同化、异化、增音、弱化、脱落、换位等。

相比汉语的其他方言，普通话的音变现象更为简单。只是由于这些音变现象比较细微，词义又无明显变化，常常不为人们所注意。

普通话里的语流音变，主要表现在轻声、儿化韵的变读上，同时也包括上声、去声以及"一""不""啊"字和词的轻重格式。

一、轻声的变读

（一）轻声的概念

普通话的每一个音节原本都有声调，但是在一些词或句子里许多音节的声调常常因为汉字的接触和连续而被语流化解掉了，变读成一种既轻又短的调子，这就是轻声。轻声在普通话里出现的概率相当大，可以说是普通话中一个突出而又特有的现象。《现代汉语词典》所列的轻声字有 2160 多个，占双音节词总数的 6.6% 以上。在文艺性作品中，轻声词更多。轻声是普通话四声之外的一种特殊的调子，往往用于虚词、某些双音节词的第二个音，是声调由有到无的变读。它主要由音强的大小决定，发音时用力小、音势弱，调子既短弱又模糊。这一点与一般的声调不同，一般意义上的声调主要取决于音高。因此，轻声不能算作一个独立固定的调类，只是在连读过程中按词义、词性、逻辑语气的各种关系"弱化"发展而成的一种非确定性的调子。

轻声具有音位作用，在语言表达中应与阴、阳、上、去四个声调同等对待。在有些语句里轻声常常表现出语法功能和辨义作用。如"我想起来了"和"把书都弄乱了"两个句子，"起"和"都"字轻读与重读的意思大不一样。有句广告词叫"药材好，药才好"，也可说明这个道理。

（二）轻声的作用

轻声在普通话里有时能够辨别词义，有时又能区分词性。这一类的轻声字大约占全部轻声字的 5%。

1. 辨别词义

东西（方向，东边和西边）→东西（各种具体或抽象的事物）

大意（文章、故事或话语的主要意思）→大意（不注意、疏忽）

买卖（买方和卖方）→买卖（生意）

2. 区分词性

报告（名词）→报告（动词）

地道（名词）→地道（形容词）

对头（副词）→对头（名词）

（三）轻声的变读规律

轻声不仅仅是一种语音的变化，大多数轻声字都与语汇、语法意义有关系，其变读规律大致如下：

1. 语气词变读轻声

说吧 拿着呀 为什么呢 快来啊

2. 助词变读轻声

红的 谁的 干得不错 好好地 我读过

3. 方位词变读轻声

桌子上 走廊里 屋檐下

4. 趋向动词变读轻声

上来 下去 回来 出去 走回来

5. 名词词缀"子"和"头"、表复数的"们"变读轻声

兔子 椅子 骨头 我们

6. 名词、动词重叠时，第二个音节变读轻声

爷爷 奶奶 看看 走走 写写 尝尝 试试

7. 多数双音节单纯词的后一个音节变读轻声

啰唆 伶俐 玫瑰

8.某些量词变读轻声

三个 一些人 写封信 借本书 喝杯茶

除了以上一般规律，还有一部分词按北京人的口语习惯也应该轻读。掌握了这部分轻声词，有助于掌握普通话的语调变化。

明白 棉花 脑袋 聪明 规矩 故事 新鲜 事情 麻烦 盼头

（四）轻声的发音要领

决定轻声的虽然主要是音强的大小，但跟在其他声调后面的轻声，似乎也带有一定的高低度。换句话说，轻声音节的音高由前一个音节的声调决定。物理实验得到的结论是：上声字后的轻声音调最高，阳平、阴平之后次之，去声字后的轻声音调最低。《汉语拼音方案》规定，轻声没有固定的调值，可以不标调号。

阴平后面的轻声字读半低调（2度）。如：

胳膊 桌子 他们 巴掌 窗子 拉扯

阳平后面的轻声字读中调（3度）。如：

合同 人物 茄子 笤帚 盘算

上声后面的轻声字读半高调（4度）。如：

母亲 打扮 软和 舍得 笸箩

去声后面的轻声字读低调（1度）。如：

奔头 晃荡 霸道 特务 认识 动静

前一个字的声调起音较高的，轻声字读得低；前一个字的声调起音较低的，轻声字读得高；前一个字的声调起音居中的，轻声字读得不高也不低。在三音节词中，第二、三个音节如果都是轻读的，最后一个音节则更轻些，高低度就更不明显，例如"拉下去""剩下的"等。

（五）运用轻声应注意的问题

轻声字虽然是普通话的一种特殊音变现象，但在具体运用时还是应当审慎一些，不可滥用。语言表达时的"吃字"现象，原因之一就是轻声的使用多而不当。应当明确的一个原则是：不用轻读也能说清楚的尽量不用或少用轻声，像"流氓""支援""夸张"里的末尾字还是不轻化为好，像在"起来，饥寒交迫的奴隶"这个句子里，"来"字更不能随意轻化处理。

克服"吃字"现象，第一，要弄清轻声字原来的字音结构，原来的声韵是什么就是什么。第二，慎用轻声字，否则会影响普通话的规范性和纯洁性。第三，加大舌肌的力度，多做口部操练，争取将每个轻声音节发得清晰、利落、干净、漂亮。

二、儿化韵

（一）儿化韵的概念

普通话里有一个卷起舌尖发音的单韵母 er，它作为独立音节组成的"儿化字"很少，常用的只有"而""尔""迩""耳""饵""洱""儿""二""贰"等十几个字，这些儿化字在十三辙里不能自成一个韵部，因此并入"一七"辙。另外，十三辙以外还有"小人辰儿"辙，指的也是这两类韵部的儿化韵。这个卷舌韵母的音节结构比较简单，不与任何辅音相拼，只能自成音节。

由于汉语语言极流利的连读，在北京口语中形成了一种连音变化，即一些词（主要是名词）的后面带上了辅助成分"儿尾"，"儿"与它前面的音节结合、胶着成一个音节，"儿尾"也就成了前一个音节不可分割的一部分。这样，后缀 er 音节也就失去了独立性，只保持了一个十分短弱的卷舌动作"r"，附加在它前面音节的韵母上，同时也使得它前面的韵母产生或多或少的改变，形成一个新的合体音——卷舌韵母，这个韵母就叫"儿化韵"。

儿化韵后面的"r"与卷舌元音 er 的"r"相同，不能作为单独的音素，为了书写、排印的便利，用 [r] 替代。汉字书写时，儿化韵的表示方法是在原汉字后加上"儿"字，即用两个汉字标示，如"花儿""猫儿"等。

在老北京土话里，儿化韵的使用不但非常广泛，经常"儿"不离嘴，而且"儿"与它前面的音节是分开读的，"儿"又读作轻声，如"纸儿"读作"zhǐ er""绳儿"读作"shéng er"。这种语言现象在今天北京人的口语里已经消亡，只在歌曲和儿歌里有所保留，使用机会也不多见。

总的说来，普通话里每一个韵母都有"儿化"的可能。韵母儿化后，读音也随之改变。儿化的基本特征就是卷舌作用，如果韵母的发音动作与卷舌动作不矛盾，儿化时只要在韵尾加上卷舌动作即可；如果韵母发音时与卷舌动作有冲突，那就要在卷起舌尖向硬腭挺进的同时，改变韵母的发音，这种韵母与"儿"的同化作用，有增音也有减音。

（二）儿化韵的作用

儿化虽然是音变现象的一种，但它不只是单纯的语音现象，还有其他多种功能，与词汇和语法意义有密切的关系，同时还必须与语言环境联系起来加以分析和研究。

1. 区别词义

有的词儿化后具有比喻意义。如：

一块（物品的数量）→一块儿（同一处所或一同行动，如"在一块儿""一块儿走"）

信（书信、函件、证明）→信儿（信息，如"口信儿"）

2. 区别词性

动词、名词两用或形容词儿化后固定为名词，动词儿化后借用为量词。如：

画（动词）→画儿（名词）

盖（动词）→盖儿（名词）

手（名词）→手儿（量词）

垫（动词）→垫儿（名词）

罩（动词）→罩儿（名词）

亮（形容词）→亮儿（名词）

个（量词）→个儿（名词）

3. 区分同音词

如：

拉练（行军、野营训练）→拉链儿（小拉锁儿）

开伙（开办伙食）→开火儿（放枪、放炮）

邮票（邮寄物品时表明邮资付讫的凭证）→油票儿（购买食用油或汽油一类的票据）

早茶（早晨吃的茶点）→枣儿茶（泡枣儿的茶）

玉照（敬称对方的照片）→浴罩儿（洗浴时的塑料罩）

4.修辞作用

表示喜欢、亲切的感情色彩的。如：

鲜花儿 小猫儿 小狗儿 油画儿

玻璃球儿 苹果脸儿 小女孩儿

表示委婉、温和态度的。如：

你慢慢儿 走有工夫儿 来玩儿 说说心里话儿

表示细、小、尖、短、轻性质和形状的。如：

门缝儿 火柴棍儿 红头绳儿 一小会儿 钢笔尖儿 牙签儿

（三）儿化韵的变读规律

韵腹或韵尾是元音 a、o、e、u、ê（在 ie 和 üe 里）的，儿化后读音基本不变，只在原韵母后面加上卷舌动作"r"。如：

刀把儿（bar）搭茬儿（char）单个儿（ger）豆芽儿（yar）

牙刷儿（shuar）手套儿（taor）票友儿（your）支招儿（zhaor）

单韵母 i，ü 儿化后，在原韵母后面加上"er"，变成 ier、üer，主要元音后移改由 ê 充当，有调号的改标在 e 上。如：

雏鸡儿（jiēr）小米儿（miěr）饭粒儿（lièr）

空地儿（dièr）摸底儿（diěr）差不离儿（liér）

韵尾是元音 i 或 -n 的，儿化后失去原韵尾，加上卷舌动作"r"。鼻韵母 in 儿化后失去"n"，加上"er"，变成 ier，调号改标在 e 上；un 和 ün 儿化后失去 n，变成 uer 或 üer，调号改标在 e 上。如：

小孩儿（hár）口袋儿（dàr）成对儿（dùr）瓶塞儿（sār）人缘儿（yuár）

舌尖元音 -i（包括前、后）作韵母时，儿化后 -i 整个失落，加上"er"，声母直接与儿化韵拼读，调号改标在 e 上。如：

挑刺儿（cèr）松子儿（zěr）

铁丝儿（sēr）挨呲儿（cēr）

后鼻辅音 ng 作韵尾，儿化后鼻音加重，形成鼻化音，加上卷舌动作"r"。如：

没空儿（kòngr）肉丁儿（dīngr）

对象儿（xiàngr）赶趟儿（tàngr）

（四）运用儿化韵应注意的问题

姓氏的儿化称读。称呼年轻人的姓氏，一般来说，凡准备在某人的姓氏前面加上"小"字时，大部分应将其姓氏字做"儿化"处理。如：

小马（儿）小杨（儿）小高（儿）小陈（儿）小刘（儿）

这些姓氏儿化后显得活泛、随和、亲切，富于色彩和情致，否则会给人一种板滞、生硬、僵涩之感。当然，也不是所有的姓氏前面加上"小"字后，都得儿化，像"小秦""小金""小申""小韩""小石""小谭""小于""小徐""小崔"等就不宜儿化。

按北京人的习惯，某些多音节词的某一个字儿化，后面还有不儿化的字，这样的词虽为数不多，难度却不小，仍需加强训练。如：

片儿医 今儿个 刺儿头 倍儿亮 底儿掉 坎儿井 官儿太太

两音节词里，有的极富于生活口语气息，两个音节都需儿化，如"串儿摊儿"。

普通话里少数词因韵律节拍关系有了"儿尾"，即汉字本身带上了"儿"字，应将其"儿"字作为一个轻声音节读出来。如：

女儿的心 月儿弯弯照九州 花儿与少年

三、上声的变读

上声，即第三声，音值214，是个曲折调子。

上声变调，属于语音学上的异化现象，是一种由此及彼的常见的音变现象。上声的变调比较复杂，主要因为它是个曲折迂回的调子。普通话的四个声调中，上声音值最长，先由2度降到1度，拖平后转而升到4度，在声调的行进过程中，声带松紧周期长，变化幅度大。因此，在一串串音节连发的语流中，不允许慢慢吞吞、四平八稳地把这个又长又弯的调子读好，往往是在它尚未收全之时，后面音节的声调动作已经开始了，它被挤得改变了原形，或者叫"替换"。造成这种"上变"的参照物是上声后面音节的调类，所以研究上声的变化，需看后一个音节的声调。

（一）双音节词的上变

双音节上声的变读主要有两种途径：一种是只发前半部分，后尾忽略，就是所谓的"半上"或"前半上"；另一种是从一开始发音就把调子扯成直升调，省去了降下去的拖平的部分，就是所谓的"直上"。

1. 直上

两个上声字相连组合成一个词时，前一个上声字不降只升，变读为直上，其升高趋势近似于阳平调（35），调值实际上为24。如：

友好 指导 理想 宝岛 海港 讲演 首脑 舞曲 党委 法理 古典 粉笔

直上调的起止点是由2度到4度。曾有一种"上上相连前上变阳平"的说法，其实是"近似"。真正的阳平调调值是35，直上调的上升趋势虽然与阳平平行，但却不如阳平那么高，它的特点是从发音开始就将调子扯成升调，省去了降下去和拖平的后半部分。还有一种观点认为直上调值为34，这种观点也不准确，由2度点到4度点并不一定非要途经3度点。

为了弄清直上调与阳平调的区别，试举三组词进行对比说明：

美酒—没酒

柳五—刘五

有井—油井

发每组前一个变读为"直上"的字（"美""柳""有"）时，舌肌的紧张度要比念"没""刘""油"三字时松得多，舌肌松弛，调值和声音就低一些。宽元音作主要元音的音节，这种差别则是微乎其微。

2. 半上

上声字在阴平、阳平、去声前（非上声的前面）只降不升，都变读为半上，也就是只念上声一半，保留前半截，从2度降到1度就不再往上升了。把前头的上声读长些，调值即为211，甚至可以发成低平调21，半上的使用频率极高，一般以为未变的上声，每每都是半上。如：

上声—阴平：

海涛 短波 好听 海区 每周 股东

上声—阳平：

表扬 主席 走读 品格 敢于 羽毛

上声—去声：

友爱 翡翠 启示 允诺 考验 美丽

3. 其他规律

上声字除了直上和半上两种主要变读外，还可以归纳出其他一些规律：

上声字单念，处在词语、句子的末尾或着重强调时，要念准原调值214。如：

好！这下就看你的了！

请听诗朗诵《好》。

亲属称谓中，上声字重叠，第一个上声读半上，后一个轻读。如：

姐姐 奶奶 婶婶 姥姥

上声字的后面如果是轻声，一般有两种读法：

（1）直上＋轻声

手里 想法 打扫 管理 奖品

（2）半上＋轻声（包括称谓）

姥姥 奶奶 板子 管子 老子 耳朵 马虎 水分 手巾 老婆 幌子 每个

在"男子""女子""孔子""孟子""转子""定子"等词里，"子"不能轻读，如果它前面是上声字，还要按规定变为"直上"。

半上加轻声的词比较容易掌握，直上加轻声的词有一定的难度，常听到有人将"手里""嘴里""想法""给我""比起"等词误读成半上加轻声。

（二）三音节词的上变

三个上声字相连，一般可根据词的内部结构划分出以下五种类型（A 为直上，B 为半上，C 为本调）：

如果前两个上声字语法结构为紧密式结合体（"双单格"结构），又是一同修饰、限制后一个上声字的（前偏后正结构）或后一个上声字是补充说明前两个上声字的，那么，将前两个上声字都变读成直上（24），最后一个保持本调，即"AAC"的形式。如：

选举法 展览馆 跑马场 管理网 总统府 冷水澡

如果后两个上声字的语法关系紧密（"单双格"结构），或为了语义表达的需要第一个上声字处在被强调的逻辑重音时或第一个上声字修饰、限制后两个上声字时，可将第一个上声字变读为半上（211），第二个上声字变读为直上（24），后一个上声字保持本调，即"BAC"的形式。如：

好品种 党小组 老首长 海产品 厂党委 女老板

如果三个上声字呈"排排坐"式的并列结构，也将前两个上声变读为直上，后一个保持本调，即"AAC"式。如：

甲乙丙 稳准狠 早午晚 减免缓 某某某

如果第一个上声字为姓氏时，应尽量变读为半上调，不能变读为直上。第二个上声字变读为直上，第三个上声字保持原调，即"BAC"的形式。如：

李可染 史可法 孔乙己 柳子谷 李小姐 武导演 马厂长

这种情况仅限于三个字都是上声字，如果只是前两个字为上声，后一个字是非上声，读法就不同了，如"史铁生"听起来与"石铁生"音同。当然也有姓氏上声字读音变化后，不影响词义的情况，如"古广明""沈法绥"等。因为古今没有姓阳平 gú 的，姓 shén 的也极为罕见，但汉代有神英，相传为神农氏的后裔。

前两个音节是形容词重叠时，第二个音节不论什么声调，儿化后都可以变读成阴平调，包括上声字在内。如：

好好（儿）地 早早（儿）地 远远（儿）地 满满（儿）地 饱饱（儿）地

但是，这种情况只用于轻松亲切、生活气息浓郁的口语中。在新闻性、政论性强的文章中，仍按原有的基本变调规律去拼读，如"好好先生""远远落后""满满当当"。

（三）三个以上音节的上变

三个以上音节的上变，按词汇内部的组织结构形式分段处理为宜，这种情况灵活性较大，应充分照顾到语言习惯。如：

省体改委 打洗脸水 岂有此理 有点想法

四、去声的变读

去声字的变调比较简单，只是在两个去声音节相连时，将第一个去声由全降调（51）变成半去（53）即可。如：

愤怒 办事 必要 部队 大陆 就业 议价 购物

除此之外，去声在阴平、阳平、上声、轻声字前都几乎保持本调，但也不是一点未变。去声在任何词的前面都不能维持其原调值51的特性，都无法一降到底。试辨听下面的四个词语：电灯、电瓶、电表、电扇。"电"字分别置于阴平、阳平、上声和去声前面时，读音没有十分明显的差异。从物理实验的结果来看，一个去声音节在另一个去声音节前面时变得更短促。因此，有人以为去声在任何声调的音节前都变读为半去，不必严格区别去去相连的变调与去声和其他声调音节相连的变调。不过，考虑到变调理论教学和具体训练的实际，认为还是应当指出"去去相连前去变半去"的规律，这样有利于增强学习者的主观意识和自觉性。

不仅去声如此，阴平字、阳平字与其他调类的字音相连时，也会出现类似的情况。在双音节词里，第一个音节如果是阴平字，那么大多数都无法保持住原来又高又平的调值，而变成 44；如果阳平字处在双音节词的前面，有的可能变成 34，有的可能变成 24 或 25。由此看来，字与字相连，第一个字的调值总是处于不稳定状态，只是大致的平伸升降的调性没有改变而已。

五、"一"字的变读

"一"的本调是阴平（55），连变过程也不复杂，重点是它在变成"半去"和"阳平"后的声调。

单念（作为序数）和处在词句的末尾时，"一"要保持原调。如：

大年初一 九月一日 第一 单一 万一 统一

"一连"里的"一"如果表示序数时，不变调，如"一连负责掩护"；如果变调则表示"全连"，如"一连官兵全都写了决心书"。在副词"一连"中，"一"字也需变调为去声，如"他一连喝了三瓶啤酒"。"一"在与"亿""万""千""百"等量词组成系列数量词处在开头位置时，要按规律变调，词组或句子当中和结尾的"一"字一般不变调。如：

一百一十米栏 一万一千一百一十元 一百一十一点一公斤 一亿零一千一百人

在阴平、阳平、上声字的前面，"一"变读为半去调（53）。如：

一天 一车 一方 一家 一张 一包 一声 一根 一层

在去声音节前面，"一"变成近似阳平（35）。如：

一座 一次 一件 一辆 一句 一栋 一票 一块 一列

嵌在两个重叠动词中间，"一"读轻声。如：

拍一拍 笑一笑 说一说 躺一躺 尝一尝 聊一聊 用一用

六、"不"字的变读

"不"字的本调是去声（51），单念或处在词尾时按原调读音。在组词时，受其后面音节影响，也会产生变化，这种变读主要表现在处于去声字前面。

处在去声字前面，变读成近似阳平调。如：

不必 不去 不让 不动 不论

在阴平、阳平、上声字前面都变读成半去（53）。如：

不周 不该 不容 不如

嵌在两个字中间，或肯定否定连用时，读轻声。如：

走不动 对不起 差不多 用不上 了不起

七、"啊"字的变读

（一）啊的作用

"啊"是一个表达语气情感的基本音。"啊"（a）没有声母，只以韵腹构成音节。主要有两个作用：

作为语气叹词，经常用在句子的开头单念，不受任何音素的影响，有阴平、阳平、上声、去声四种声调的不同。如：

啊（a）！下雨了。（表示叙事）

啊（a）？你没有听清楚？（表示追问）

啊（ǎ），原来他不去？（表示惊疑）

啊（a）！怪不得。（表示允诺）

以上四种情况，只要按不同的声调念 a，即便后边不跟着补充语句，别人也能基本听清说话人的意图。可见，"啊"字声调的变读与说话人情感的变化有密切关系。

作为语尾助词，在句子的末尾出现，要受前一个音节最后一个音素收音的影响而发生"增音"变化。虽然字面上同样可以写成"啊"，可实际读音却比"啊"（a）丰富得多，有时这些连音变读用"呀""哇""哪"等汉字标出。

（二）啊的变读规律

语尾助词"啊"一般有六种变读。怎么变、变什么，完全是在实际发音过程中自然而然形成的。

前一音节的末尾音素（有的是韵腹，有的是韵尾），如果是 a、o、e、ê、i、ü 时，"啊"变读作"ya"，也可换写成汉字"呀"。

这种现象可分为两种情况，一种是因"连音同化"而"增音"，即把前一个音节末尾的音素作为头母，加在 a 的前面，形成"ya"（末尾音素是 i 或 u 的）。另一种是因"连音异化"而"增音"，即前面音节的末尾音素是 a、o、e、ê 的，在 a 的前面加上 y，形成"ya"。因为前一个音节的主要元音 a 与它后面的助词 a 连续发出要分隔出两个音节来，中间又不允许有停顿，增大了发音的难度，进而产生了"异化"的要求。如果发完前面的 a 后立刻楔入头母 y，使舌面上升后再降下发助词 a，将两个 a 区分开就相对容易些。o、e、ê 虽不如连发两个 a 那样困难，但习惯上也采取增音 y 的办法。如：

他学习真有办法啊！

原来是他啊！

这的确是一出好戏啊！

前一音节的末尾音素（没有韵尾看韵腹）是 u（包括 ao、iao 中的 o）时，产生"连音同化"的变化，"啊"变读成"wa"，也可换写成汉字"哇"。如：

这家伙胳膊真粗啊！

这回多亏了老赵啊！

你倒是笑一笑啊！

前一个音节的韵尾是前鼻音 n 时，产生"连音同化"的变化，"啊"变读作"na"，也可换写成汉字"哪"。如：

大家正盼着你们啊！

这颜色好鲜艳啊！

这儿离剧院真近啊！

前一个音节的韵尾是后鼻音 ng 时，产生"连音同化"的变化，"啊"读作"nga"音，汉字里没有用这个音标写的字，因此只能写成"啊"。如：

那哪儿成啊！

大家一起唱啊!

你快点讲啊!

前一音节的韵母是舌尖前元音 -i（前）时，"啊"变读成"za"。舌尖前元音在"啊"（a）前，因为是一个音节的开始，肌肉要稍紧一些，气流逐渐增强，于是就变成与辅音 s 同部位同方法的浊音 [z]。汉语里没有用这个音标写的字，只能写成"啊"。如：

多么动人的舞姿啊! 就去过一次啊!

好大的一笔投资啊! ! 学习要多思啊!

前一个音节的韵母是舌尖后元音 -i（后）时或末尾是 er（包括儿化韵）时，"啊"变读作"ra"。汉字里没有用这个音标写的字，仍写作"啊"。舌尖后元音和耳尾加在 a 前，肌肉稍紧，气流增强，-i（后）浊化为辅音 r。如：

小同志啊，你说是不是啊!

今天的会谁来主持啊?

这孩子真懂事啊!

八、词的轻重格式

（一）词的轻重格式的概念

普通话的重音代表着词的重音和语句重音两个概念。语句重音属于语言表达方面的技巧，接下来只讨论汉语词内部各个音节的轻重读法。

汉语的词可分为单音节词、双音节词、三音节词和四音节词，由 5 个音节组合的词很少（多为外来词）。单音节词无所谓轻重，因此我们主要应掌握好双音节、三音节和四音节词的几种轻重格式的变读。①

所谓"轻重格式"，指的是在一个多音节词里，每个音节之间的轻重分量、强弱程度的差别，即"音量"强度的差别。为了学习上的方便，把音节的这些音量强度划分为四个等级：重度音、中音、次轻度音、轻度音。在实际发音时，对于词的轻重读并没有严格的限定，所以初学者只需了解"重""中""轻"三个等级就可以了。但是，专业语言工作者应将词的这些轻重读表达得更丰富、

---

① 张涵 . 播音主持语音发声训练教程 [M]. 北京：中国传媒大学出版社，2016.

更细腻、更生动。

轻重读主要体现在音节的音量大小上，即声音的强弱上。重读的音节音量必然大，音量的增强不仅表现为声音的响亮，而且会使主要元音拉长加宽，声调的音值也随之趋向鲜明，显得略高些。比如"石头""头发""车头"三个词里的"头"字，分别是"轻""中""重"。轻声音节的音量小，音量的减弱同时也会影响声调，使声调变得模糊不清，还会影响元音，使其变轻变短，以致"弱化"。高低元音、前后元音、圆展唇元音之间都会呈"趋中"态势，大多变成"舌尖元音"。

（二）词的轻重格式的作用

其一，它可以表示几个音节的密结性，表明它们是一个词或者是组合得相当紧密的、有一定意义的词组。如在"这个人喜欢搬弄是非"这句话里，"是非"为重次轻格式，是一个词，指口舌争吵。在"我们要明辨是非"这句话里，"是非"为中重格式，是已经"同化"了的平行的并列词组，指正确与错误。

其二，区分一部分词的词义。如重次轻格式的"生气"，指朝气、活力；中重格式的"生气"，指恼怒。

其三，区分一部分词的词性。如重次轻格式的"报告"是动词，中重格式的"报告"是名词。

其四，动词后的补语因轻重音的不同而能区别其性质，表示不同的意义。如在"又出去一个人"这句话里，"去"轻读，是趋向补语；在"从这里出得去吗？"这句话里，"去"重读，是结果补语。由此可见，汉语词内音节的轻重读，能使语言的表达更加准确、精当。

（三）词的轻重格式的组成

多音节的词按轻、次轻、中、重的音量配置，其配合规律与词的结构有关，形成了多种不同的格式。一般说来，轻声不会在词的第一个音节的位置出现。

1. 双音节词

（1）中重

周刊 环球 大会 职业 汽车 铁路 河流 土壤 海洋 钢铁 商店 科研工厂

（2）重次轻

记者 人类 春天 农民 形象 思想 价值 教育 智慧 运动 经济

（3）重轻

镜子 丈夫 稀罕 讲究 阔气 值得

2.三音节词

（1）中次轻重

拖拉机 风雪衣 电风扇 笔记本 西红柿 计算机 大学生

（2）中轻重

抱不平 表个态 对不起 过得去

（3）中重轻

枪杆子 小算盘儿

（4）重轻轻

坐下来 爬出去 喝下去 送进去

3.四音节词

（1）中重中重（多为并列结构的成语）

安分守己 安居乐业 昂首阔步 欢天喜地

（2）中轻中重

乒乒乓乓 规规矩矩 热热闹闹 漂漂亮亮

第三章　播音主持中语音的训练

语音训练是播音主持最基础的训练内容，能够使我们表达更准确、清晰。本章为播音主持中语音的训练，主要讲述了声母训练、韵母训练、声调训练三个方面的内容，让读者对播音主持中语音的训练知识有了初步了解。

第一节　声母训练

一、双唇阻

（一）b——双唇阻不送气清塞音

发音训练：双唇紧闭，阻住从肺部呼出的拥满口腔的气流，同时软腭带着小舌向后咽壁挺起，关闭鼻腔通路，让不颤动声带的气流持续冲击阻气的双唇，持阻时，一直保持这种蓄气状态，除阻时，将双唇突然打开，气流自口腔迸裂而出，爆破成声。

b 的呼读音是 bo。"标兵"（biāo bīng）"白布"（bái bù）四个音节的声母都是 b。

（二）p——双唇阻送气清塞音

发音训练：p 的发音部位和发音方法与 b 基本相同，不同的只是在除阻时双唇突然打开后，从口中吐出的气流比 b 强些、多些，如同吹灭蜡烛那样，使劲往外喷出一口气来。

比较六个送气的辅音，p 音所呼出的气流最多。

p 的读音是 po。"批评"（pī píng）"琵琶"（pí pa）四个音节的声母都是 p。

训练提示：b 和 p 是除气流因素外，发音部位和方法完全相同的清辅音，即双唇阻不颤动声带的塞音。塞音是全阻的，持阻阶段很短，除阻期的发音一发即逝。发好塞音的关键是阻气一定要有力量，阻气点一定要集中在双唇的中部。气流蓄到口腔后，声门就自动关闭，此时口腔与肺部的气流暂时断开，等到除阻结束后，口腔与肺部的气流才重新接合。可以说，造成塞音的音响全凭口中的气流，如果口中蓄气不足就不会产生必要的气压，发出的声音也必然松散无力、含混不清。因此，发好塞音应首先学会在口腔中积蓄强有力的气流压力波，人为地制造气流的压力。清辅音的特征之一就是口腔中有强气流，不论是发哪一种清辅音，都必须自觉地蓄气、加压。过去戏曲演员讲究"喷口"，目的就是让演员锻炼发清辅音，利用清辅音字头的力量带发整个字音。而他们练"喷口"时，又往往以塞音为先导。

那么，怎样在口腔内造成强气压呢？

一是将辅音的发音部位摆准。辅音的产生与元音不同，元音是靠共鸣腔的改变和调节形成的，而辅音则靠正确无误的发音部位形成（定位），不同的发音部位会产生不同的辅音。上下唇阻气，会形成 b、p；舌尖和上齿龈阻气，会形成 d、t；舌根和软腭阻气会形成 g、k。有了准确的部位，才会有准确的辅音。

二是将发音部位两部分的肌肉绷紧，使口腔的容积相对缩小，形成蓄气压力，以便产生强劲的爆发力，发 b、p 时，双唇自然要绷紧。

三是学会蓄气和节制气流。吸气时要挺胸抬头，使口腔的容积略微缩小，使胸部吸气肌肉群的控制力量加强后与口腔配合起来发音。塞音 p、t、k 虽是送气音，但动作不宜过分，要有控制地合理使用气流，吐出的气流比同部位的 b、d、g 稍强即可，切忌一口气将肺中的气流全部呼出。单发某一个音素时问题还不明显，但在语流的快速行进中无法重新接换气。

塞音的发音有两个关键环节，一个是发音部位完全闭合的"塞"，另一个是发音部位突然放开的"放"。抓住了"塞"和"放"，就基本掌握了塞音的发音方法。

b 和 p 是塞音的两个范例，关于"塞"的问题，余下的两对 d 和 t、g 和 k 的情况与此类同，不再赘述。

1. b 和 p 组词训练

b—b

把柄 百般 白班 摆布 颁布 不变 帮办 板报 版本

p—p

澎湃 批判 皮袍 枇杷 匹配 偏旁 偏僻 品评 乒乓

b—p

表盘 兵痞 并排 不怕 布匹 布片 帮贫 宾朋 布票

p—b

拍板 排比 牌匾 派别 旁白 磅礴 跑步 坪坝 炮兵

2. b 和 p 对比组词训练

被俘—佩服

饱了—跑了

步子—铺子

鼻子—皮子

报账—泡涨

（三）m——双唇阻浊鼻音

发音训练：软腭带着小舌自然垂下，打开鼻腔通路，双唇紧闭，阻断气流在口腔的出口，颤动声带的气流和音波到达口腔后找不到出路，进入鼻腔，完全从鼻孔透出去，借助于口腔和鼻腔的联合共鸣完成纯粹的鼻辅音。m 在持阻阶段发声，除阻即意味着发音的结束。

m 的读音是 mo。"面貌"（miàn mào）"牧民"（mù mín）四个音节的声母都是 m。

训练提示：m 是双唇阻气、颤动声带的鼻音。它的发音阻气点与 b、p 一样，都要集中在双唇的中部，舌尖只平伸，不可用力。

m 与 n、l、r、ng 都是浊辅音，是既有乐音成分又不乏辅音色彩的混合音体。它们虽然不如元音那样响亮、透彻，却有着自己的共鸣腔，有其自身的响度，这种响度不是完全依靠后面的元音产生的，这一点与其他 17 个清辅音不同。从能够延长音值方面说，它们又和元音有相似之处。因此，浊辅音都可以单独唱出来，且 m 还可以唱得很响亮。

由于 m 在五个浊辅音中响度最大，最容易引发共鸣，所以声乐训练中常常利用它做哼鸣练习，不仅能够扩大声腔，还能够松弛喉肌。做哼鸣练习时，会明显地感觉到双唇酥麻、眉宇间有震颤。训练时应特别注意舌肌和喉肌的放松，将上腭尽可能地往上提，只有这样才容易形成上部共鸣，造成较大的声响效应。

哼鸣训练对于歌唱演员的嗓音改善有相当大的益处，但对于言语发声，哼鸣练得过多容易夹带浓重的鼻音，有碍语义的表达。所以，艺术语言发声应有限度、有保留地用 m 作为训练材料，不能生搬硬套。

鼻音 m、n、ng 本应属于塞音的范畴，发音时需注意使受阻部位的肌肉与塞音一样紧才行。鼻腔是一个固定的空腔，气流在鼻腔的冲击力量很弱，如果不加强气流的强度，就很容易先泄出一部分清鼻音，然后再形成音乐性的浊音声波。所以，发 m 等浊鼻音时，也必须紧闭阻气部位，在口腔中人为地制造压力。另外，发 m 时，气流虽然是由鼻孔透出的，但它的形成却是在口鼻联合震颤中实现的。不能因为 m 是鼻音就一味地追求鼻腔共鸣的效果，用软腭和小舌堵死口腔，这样发出的鼻音非但不美，还会给人单调、空泛、娇滴滴的感觉。在艺术语言中，如果不是为了"造型"的需要而使用这种鼻音，那么会大大影响人物和语言的一致性。发鼻音时，口腔和鼻腔的震颤比大致应保持 2 ∶ 3。

m 组词训练如下：

眉毛 眉目 美满 美貌 美妙 美名 门面 茂密

二、唇齿阻

唇齿阻音只有一种，即 f——唇齿阻清擦音。

发音训练：软腭带着小舌向后咽壁挺起，关闭鼻腔的通路，舌头自然平放，上齿轻轻地与下唇内缘接近，留下一条很窄的缝隙，让不颤动声带的气流，径直从唇齿间的缝隙中均匀地挤放出去，摩擦成声。

f 的呼读音是 fo。"反复"（fǎn fù）"发奋"（fā fèn）四个音节的声母都是 f。

训练提示：按辅音的发音部位排列，f 是 6 个擦音中的第一个。擦音的发音应当掌握两点：第一，要构成缝隙；第二，要使气流摩擦而出。所谓"构成缝隙"，是说发音部位不是接触而是接近，在一开始就构成一条气流的通道；所谓"摩擦而出"，是说气流要从这条通道中平缓地持续挤放出去，声音带有摩擦的性质。

f 的阻碍部位是上齿和下唇内缘，形成的通道也是 6 个擦音中最短、最窄的，但并不是形成阻碍后再去迫使它摩擦，那样会使 f 的性质变成塞擦音。因此，一定要在一开始就形成通道，上齿和下唇放松，自然而又平缓地承受气流在唇齿间的摩擦，不要用力过猛，也不能咬得太死，以免造成声音的僵浊、漏气过多。

f 及其他 5 个擦音都是可以延长音值的辅音，需要有源源不断的气流。只有控制气流，才能延长呼气，保证擦音的最终完成。所以，特别强调节制和调控气流。发音时如果不加任何控制，无端地消耗气流，字音的清晰度就会受损。节制气流的方法是缩窄气流的通道，引起舌与腭肌的局部紧张，制造口中的压力，集中气流的冲击力量。

擦音是频率相当高的延续音，在语流中很容易暴露出来。通过电声设备直播或录制声音时，擦音表现得尤为明显，稍不小心就会出现"嚓嚓"的噪音，影响语音的清澈干净。因此，为了保证字音的清晰，就要求在用擦音声母同韵母拼合时，相对缩短擦音声母的长度，起码使其不超过韵母的长度。生活中每个人都有自己的言语习惯，发擦音时，阻碍部位之间的摩擦缝隙可能会宽窄不一，这还需注意艺术语言尽可能缩窄缝隙的要求，以帮助收紧肌肉、节制气流。

f 组词训练如下：

发放 发愤 方法 芳菲 纷飞 纷繁

三、舌尖中阻

（一）d——舌尖中阻不送气清塞音

发音训练：双唇微开，软腭带动小舌向后咽壁挺起，关闭鼻腔的通路，舌尖抵住上齿龈，阻塞口腔中不颤动声带的气流，持阻时，仍然保持这种状态，紧紧地蓄住气，除阻时，舌尖突然用力从上齿龈弹开，让气流从口中迸裂而出，爆破成声。

d 呼读音是 de。"电灯"（diàn dēng）"当代"（dāng dài）四个音节的声母都是 d。

训练提示：d 声母是容易发得响亮、有力的一个。d 音质量的优劣一方面取决于口腔中压力的强弱，另一方面取决于舌尖在除阻（跳离上齿龈）时弹动力量的大小。"塞"的部位即舌尖和上齿龈一定要塞紧，因为舌尖的弹动有力还会有效地弥补口腔中压力的不足。要想克服舌尖无力的弱点，可以多做 d 的本音练习，学会将力量集中到舌尖上，增强舌尖的弹动力和灵活性。

（二）t——舌尖中阻送气清塞音

发音要领：t 的发音部位和发音方法与 d 基本相似，不同的是在除阻（舌尖跳离上齿龈）时从口中吐出的气流比 d 要强些、多些，就像用力去吹灭油灯那样，要喷出一口气来。

t 的呼读音是 te。"探讨"（tàn tǎo）"团体"（tuán tǐ）四个音节的声母都是 t。

1. d 和 t 组词训练

d—d

搭档 达到 答对 大地 大豆 大队 单独

t—t

拖沓 团体 头套 吞吐 体态 天坛 通途

d—t

打铁 大厅 打听 带头 代替 丹田 党团

t—d

塔吊 台灯 泰斗 态度 坦荡 团队 通道

2. d 和 t 对比组词训练

大兵—踏冰

颠覆—天赋

东风—通风

（三）n——舌尖中阻浊鼻音

发音训练：软腭带着小舌自然垂下，打开鼻腔的通路，舌尖抵上齿龈挡住口腔的出口，颤动声带的气流和音波到达口腔后找不到出路，又回荡进入鼻腔，完全从鼻腔透出，形成纯粹的鼻音。

n 的呼读音是 ne。"男女"（nán nǚ）"能耐"（néng nài）四个音节的声母都是 n。

训练提示：n 既能作声母又能作韵尾。作声母时它是舌尖中阻音，作韵尾时它与后鼻音 ng 相别叫"前鼻音韵尾"。不论是作声母还是作韵尾，都要求舌尖与上齿龈全面充分地接触，把气流和音波堵死在口腔，使其无法从阻气部位透出去。它们都是在持阻阶段持续发声，没有除阻期。一旦除阻，就意味着不是韵母发音的开始，便是整个字音发音的结束。

发 n 时，口型不能开得过大，上下唇稍离即可，上唇要轻轻地掩住上齿。

n 是颤动声带的鼻音，由于舌尖上抬与上齿龈成阻，口腔的容积相对缩小，它的口腔、鼻腔共鸣震颤比应是 1 ∶ 3，以鼻腔为主，鼻腔成分比 m 声母的发音要大些，能够很明显地感觉到上部共鸣。与作为韵尾的辅音 ng 相比，n 的鼻音色彩略微逊色，不如 ng 那么典型和浓厚。

（四）l——舌尖中阻浊边音

发音训练：软腭带着小舌向后咽壁挺起，关闭鼻腔通路，舌尖卷起抵住上齿龈成阻（部位比 d、t 稍后），舌尖中部紧张收缩，舌两边放松，各留下一条缝隙，咧开嘴角，让颤动声带的气流和音波分别从舌头的两边流出口外。

l 的呼读音是 le。"流利"（liú lì）"理论"（lǐ lùn）四个音节的声母都是 l。

训练提示：l 是舌尖中阻颤动声带的边音。从理论上讲，舌尖中阻音要求舌尖与上齿龈成阻，可是 l 却稍有例外。发 l 音时，舌头要适当后缩，舌面中部下凹，舌尖与上齿龈往后一点与硬腭的交界线接触，舌的两边才会有一定的空间，气流通过时才不至于受到阻碍，进而产生摩擦。所谓"边音"，就是气流和音波必须从舌头的两边流出，从外观上看是从两个嘴角流出。

边音 l 的舌尖与上齿龈接触的部位如果和同部位的 d、t、n 比较起来，应该稍后一点，因为发边音时唇角要咧开，舌位相应后移。严格地说，发 l 时，舌尖应该与硬腭的前部成阻，舌面和上腭之间要有一定的距离。

鼻音 n 和边音 l 都是舌尖抵住上齿龈阻气，呼出的气流经过喉头时都会引起声带的颤动，有一定的共性因素。但两者的发音方法不同。n 是鼻音，软腭和小舌要放下来，打开鼻腔通路，让气流和音波从鼻腔流出；l 是口音，是口音中的边音类型，软腭要带着小舌挺起顶住后咽壁，关闭鼻腔通路，让气流和音波只从口腔的舌两边流出。

区分 n 和 l，关键在于人为地控制软腭和小舌的升降。训练时，可以用"堵鼻孔"的方法加以区别，即用双指捏住鼻孔后，如果发音困难，耳膜有鸣声，就证明所发的是鼻音 n，反之，如果掌握好舌尖上卷的分寸，就有可能是 l。

克服 n、l 不分，可将舌尖紧紧抵住上齿龈与硬腭的接合处，用力往外喷气。舌尖的用力容易带动软腭和小舌挺起，关闭鼻腔通路，气流和音波走口腔一路。为了练习方便，有人主张在发 l 音时将舌尖再后移一些，甚至可以卷到与前硬腭接触的位置，同时把嘴角咧得大一些。开始训练时这样夸张地"扳"一下是有好处的，初学者不妨一试。

1. n和l组词训练

n—n

拿捏 哪能 男女 能耐 泥泞 那年

l—l

拉力 拉练 拉拢 来历 来临 磊落

n—l

哪里 纳凉 奶酪 耐劳 嫩绿 能量

l—n

来年 留念 理念 老年 连年 岭南

2. n和l对比组词练习

女客—旅客

河南—荷兰

三年—三联

四、舌根阻

（一）g——舌根阻不送气清塞音

发音训练：口腔前部张开，上下齿间留出约食指宽的距离，成阻时，软腭带着小舌向后咽壁挺起，关闭鼻腔通路，同时，舌根部上抬抵住软腭，阻住不颤动声带的气流，持阻时，保持这种态势，除阻时，舌根突然从软腭弹开，让气流从口中迸裂而出，爆破成声。

g的读音是ge。"巩固"（gǒng gù）"改革"（gǎi gé）四个音节的声母都是g。

（二）k——舌根阻送气清塞音

发音训练：k的发音部位和发音方法与g基本相同，不同点在于除阻（舌根跳离软腭）时从口中呼出的气流比g多些、强些，用力喷出一口气来。

k的呼读音是ke。"刻苦"（kè kǔ）"开阔"（kāi kuò）四个音节的声母都是k。

训练提示：舌根阻的辅音，有的语音学者称之为"舌面后音"，也许更准确，因为它们的阻气部位在舌面的后半部分，而不是舌根。发音时注意成阻的部位不能太靠后，否则容易引起舌根紧张和小舌颤动，形成与规范不合的"卡痰音"。

1. g 和 k 组词训练

g—g

干戈 感官 高贵 公告 公馆 高管

k—k

开垦 慷慨 苛刻 可靠 空旷 空阔

g—k

干枯 概括 甘苦 赶快 感慨 港口 过客

k—g

开关 开工 凯歌 看管 看官 考古 客观 可观

2. g 和 k 对比组词训练

天公—天空

个人—客人

攻占—空战

（三）h——舌根阻清擦音

发音训练：软腭带着小舌向后咽壁挺起，关闭鼻腔通路，舌根上抬与软腭接近，形成一条缝隙，让不颤动声带的气流径直从这条缝隙中挤出去，摩擦成声。

h 的呼读音是 he。"欢呼"（huān hū）"辉煌"（huī huáng）四个音节的声母都是 h。

训练提示：h 是舌根擦音，阻气的部位在口腔后部，口腔如果开得过大，舌根就更不容易使上劲。所以，缩窄口腔缝隙的目的是节制气流，应尽量把声音往前推。

有人常常把 h 的呼读音与 f 混为一谈，其实，h 与 f 尽管发音方法基本相同，而发音部位却是一前一后，f 的发音部位最靠前，h 的部位最靠后。f 是唇齿擦音，是上齿与下唇内缘成阻；h 是舌根与软腭阻气的擦音。发 f 和 h 时，注意要让气流轻轻地摩擦出去，切忌用力过猛、咬得太死。

1. h 组词训练

h—h

海河 海涵 憨厚 航海 豪华 好汉

2. h 和 g、k 组词训练

h—g

海港 回归 海沟 海关 函购 韩国 回顾

g—h

改行 高寒 搞活 光环 国号 关怀

h—k

海口 会客 花开 好看 好客 好酷

k—h

开怀 快活 口号 开花 空话 考核 刻画

五、舌面阻

（一）j——舌面阻不送气清塞擦音

发音训练：成阻时，双唇微张，上下齿微合，软腭带着小舌向后咽壁挺起，关闭鼻腔通路，同时舌尖轻抵下齿背，舌面前部向上前方抬起贴紧前硬腭，完全阻塞住口腔的出口，持阻时，蓄气保持住这种态势，除阻时，阻气部位在不颤动声带的气流的不断冲击下先慢慢地放松，让出一条窄窄的缝隙，然后再放其从窄缝中挤出口外，摩擦成声。

j 的呼读音是 ji。"进军"（jìn jūn）"坚决"（jiān jué）四个音节的声母都是 j。

（二）q——舌面阻送气清塞擦音

发音训练：q 的发音部位和发音方法与 j 基本相同，不同点是在除阻时（放松阻碍部位，"塞"的部分结束），从口中吐出的气流较多、较强一些，用力从口中吐出一口气来。

q 的呼读音是 qi。"气球"（qì qiú）"确切"（què qiè）四个音节的声母都是 q。

训练提示：j、q 是塞擦音。塞擦音古称"破裂摩擦音"，在发音时，舌尖下垂，应始终用舌尖抵住下齿背。舌尖一旦上抬与上齿背接触，那就容易发成尖音 zi 或 ci。在普通话里，没有这种 z、c 与前高元音相拼的现象。

塞擦音和擦音的主要区别在于：擦音在开始成阻时，发音部位就已经形成缝隙，为气流的摩擦作好了准备；而塞擦音则是在成阻时发音部位完全闭塞，待到除阻阶段才由气流冲开一条缝隙，开始摩擦。

（三）x——舌面阻清擦音

发音训练：双唇微张，上下唇齿微开，软腭带着小舌向后咽壁挺起，关闭鼻腔通路，同时，舌尖轻抵下齿背，舌面前部向前上方抬起，与前硬腭接近，形成一条缝隙，然后让不颤动声带的气流径直从这条缝隙中挤放出去，摩擦成声。

x 的呼读音是 xi。"学校"（xué xiào）"细心"（xì xīn）四个音节的声母都是 x。

1. 舌面音组词训练

j—j

激进 积聚 基建 拘谨 集锦 即将

q—q

凄切 奇巧 恰巧 全勤 强求 请求

x—x

笑星 休闲 相信 小心 休息 肖像

j—q

机枪 急切 假期 尽情 警犬 坚强

q—j

期间 起居 气节 千斤 迁就 前进

j—x

迹象 继续 讥笑 吉祥 急需 机械 集训

x—j

希冀 席卷 细节 夏季 仙境 乡间 现金

q—x

期限 齐心 器械 牵线 气象 前夕 奇效

x—q

吸取 习气 喜庆 兴趣 学期 想去

2. j 和 q 对比组词训练

激励—凄厉

阶段—切断

精华—清华

六、舌尖后阻

（一）zh——舌尖后阻不送气清塞擦音

发音训练：成阻时，上下唇微开，软腭带着小舌向后咽壁挺起，关闭鼻腔通路，同时，舌身后缩，舌尖翘起轻轻抵在上齿龈与硬腭的接合线上，完全阻住气流在口腔的出口，持阻阶段继续保持这种态势，当不颤动声带的气流到达口腔后不断地冲击成阻部位时，舌尖先放松并稍向前移，让出一条缝隙，然后放气流从这条缝隙中摩擦出去。

zh 的呼读音是 zhi。"真正"（zhēn zhèng）"庄重"（zhuāng zhòng）四个音节的声母都是 zh。

（二）ch——舌尖后阻送气清塞擦音

发音训练：ch 的发音部位和发音方法与 zh 基本相同，不同点是除阻时从口中吐出的气流比 zh 较多、较强些。

ch 的呼读音是 chi。"长城"（cháng chéng）"出差"（chū chāi）四个音节的声母都是 ch。

（三）sh——舌尖后阻清擦音

发音训练：成阻时，上下齿微开，软腭带着小舌挺起与后咽壁接触，关闭鼻腔通路，同时，舌身后缩，舌尖翘起，与上齿龈和硬腭的接合线形成一条缝隙通道，除阻时，让不颤动声带的气流平缓地径直从这条缝隙中摩擦出去。

sh 的读音是 shi。"山水"（shān shuǐ）"上升"（shàng shēng）四个音节的声母都是 sh。

（四）r——舌尖后阻浊擦音

发音训练：r 的实际发音部位和发音方法与 sh 大致相似，不同点是发音时要颤动声带，从肺部呼出的气流和音波经过喉头时已经"带"了音，加上气流和音波阻气点的振动，口腔振动产生共鸣而成声。

r 和 sh 是普通话里唯一的一对清、浊相配的音素，r 浊 sh 清。

r 的呼读音是 ri。"柔软"（róu ruǎn）"忍让"（rěn ràng）四个音节的声母都是 r。

训练提示：舌尖后阻音 zh、ch、sh、r 俗称"翘舌音"，又称为"卷舌音"。顾名思义，这四个声母在发音过程中舌尖都是翘或卷起来的。舌尖的运动趋向是上齿龈和硬腭的交界线，有的是先阻后擦，有的则是直接摩擦。狭义的翘舌音仅指这四个辅音音素；广义的翘舌音，包括所有以辅音音素 zh、ch、sh、r 起头的音节（字），它们都是由声母的发音部位决定的。发翘舌音应本着"后音前发"的原则，不能将舌尖卷得太过。舌位如果太偏后，会影响到字音的清晰度，所以力量应放在舌尖上。另外，还要防止双唇过分外翻，否则会导致声音松散，缺乏美感，男声尤其应当避免这种情况。

发 zh 和 ch 时，遵循塞擦音的一般发音原则。发 sh 时，呼气力量不能过强，防止产生爆破性的声音。嘴角切忌咧得太大，防止气息从舌头的两边流出去，形成"哨鸣音"。

1. 舌尖后音组词训练

zh—zh

战争 针织 征战 执政 纸张 专政

ch—ch

插翅 拆除 铲除 长春 查处 长处

sh—sh

杀伤 闪烁 膳食 时蔬 事实 实施

r—r

嚷嚷 扰攘 人人 忍让 荣任 荣辱 柔润

zh—ch

展翅 战场 章程 侦察 征尘 正常 真诚

zh—sh

招收 招生 扎实 照射 招手 众生 驻守

zh—r

招惹 招认 昭然 阵容 整容 证人 值日 装入

ch—zh

产值 长征 出站 成长 诚挚 城镇

ch—sh

插手 茶水 查收 查哨 差事 产生 阐述 昌盛

ch—r

插入 缠绕 孱弱 馋人 常任 怅然 承认

sh—zh

山楂 摄制 时装 深重 伸张 神州 市政

sh—ch

商船 上乘 书橱 失察 奢侈 上车

sh—r

湿润、收容、时任、摄入、瘦肉、神人

r—zh

染指 热衷 仁政 任职 认真 认证

r—ch

攘除 热潮 热忱 热诚 日常 入春 日产

r—sh

饶恕 惹事 热水 忍受 人参 人生 认识

2. zh 和 ch 对比组词训练

忠实—充实

编织—鞭笞

展出—产出

3. sh 和 r 对比组词训练

射程—热诚

事迹—日记

肥瘦—肥肉

七、舌尖前阻

（一）z——舌尖前阻不送气清塞擦音

发音训练：成阻时，双唇微开，软腭带着小舌向后咽壁挺起，关闭鼻腔的通路，同时，舌尖向前平伸轻轻抵住上齿背阻住气流，持阻时，保持这种蓄气态势，当不颤动声带的气流到达前口腔，不断冲击成阻部位时，舌尖逐渐放松，让出一条缝隙，放气流从这个缝隙中摩擦而出。

z 的呼读音是 zi。"自尊"（zì zūn）"总则"（zǒng zé）四个音节的声母都是 z。

（二）c——舌尖前阻送气清塞擦音

发音训练：c 的发音部位和发音方法与 z 基本相同，只是在除阻（放松阻气部位，"塞"的阶段结束）时从口中吐出的气流较多、较强一些。

c 的呼读音是 ci。"从此"（cóng cǐ）"仓促"（cāng cù）四个音节的声母都是 c。

（三）s——舌尖前阻清擦音

发音训练：双唇微开，软腭带着小舌向后咽壁挺起，关闭鼻腔通路，同时，舌尖向前平伸，与上齿背接近，形成一条窄窄的缝隙，让不颤动声带的气流稳劲而均匀地从这条缝隙中挤出去，摩擦成声。

s 的呼读音是 si。"色素"（sè sù）"思索"（sī suǒ）四个音节的声母都是 s。

训练提示：舌尖前音俗称"平舌音"，与翘舌音相对而言，是将舌头放平了发出的音。狭义的平舌音仅指辅音音素 z、c、s；广义的平舌音，包括所有以辅音音素 z、c、s 起头的音节（字），它们都是由声母的发音部位决定的。

语音理论上一般认为：发舌尖前音时，舌尖要抵住上齿背，即舌尖与上齿背成阻。在发音实践中人们发现，发 z、c、s 时，与其将舌尖抵住上齿背，倒不如将舌尖抵住下齿背，让舌叶部位与上齿龈成阻更容易发得圆润饱满。因为将舌尖抵住上齿背，会因为"触位"不好而产生不必要的杂音，使字音的纯度受损。当然这只是一种理论上的新说，发音时还需视发音者口腔操作的状况而定，以将字音发得准确、清晰、圆润、饱满为原则。但需注意，舌尖与下齿背成阻时，不要将舌尖伸出齿外。

练习平舌音，为了增加声音的响度和美感，在不影响字音清晰度的前提下，可本着"前音后发"的发声原则，尽量把声音位置从感觉上往后推，寻找一种适中的状态，意在求"圆"，避免声音偏"尖"偏"嗲"。

舌尖音大致分为舌尖前音、舌尖中音和舌尖后音，都是舌尖起主导作用完成发音过程。舌尖音之所以有前、中、后的划分，并非要将舌尖分为前、中、后三段，而是指与舌尖相对应形成阻碍的那个部位在口腔的前、中、后位置。舌尖前音 z、c、 s 是舌尖对着上齿背（理论上讲）成阻的，舌尖中音 d、t、n、是舌尖对着上齿龈成阻的，舌尖后音 zh、ch、sh、r 是舌尖对着硬腭与上齿龈的接合线成阻的。上齿背在前，上齿龈居中，硬腭与上齿龈的接合线在后。

1. 舌尖前音组词训练

z—z

最早 总则 藏族 自尊 宗族 造字

c—c

参差 苍翠 草丛 猜测 粗糙 匆匆 璀璨

z—c、s

总裁 棕色 姿色 资材 子孙

c—z、s

才思 彩色 操纵 苍松 草泽

s—z、c

桑梓 色彩 思忖 酥脆 塑造

2. z 和 c 对比组词训练

清早—青草

子弟—此地

遵守—皱手

第二节　韵母训练

一、单元音韵母发音训练

（一）单元音韵母的发音方法

1. a——舌面、央、低、中常唇元音

发音训练：软腭带着小舌向后咽壁挺起，关闭鼻腔通路，口腔大开（尤其后声腔要充分打开，像半打呵欠的样子），整个舌身平铺在口腔的下部，舌尖稍向前移轻抵下齿背，舌面中部微微隆起与上颚共同形成发音的作用点，双唇自然放松（既不圆也不咧的状态），呈中常状，上下门齿微露，气流和音波颤动声带后，自口腔流出。

发音提示：关于 a 的命名，目前的语音学界尚有争议。有人认为单元音 a 属于后元音，发音时舌高点在舌面的后部，与硬腭后部相对。这种观点确实反映了 a 在实际运用中的某一种状态，但是更多的意见则认为在给它命名时还是应该以最典型、最有代表性的状态为依据。因此把 a 称作"央元音"或"中 a"。

元音 a 是普通话中使用频率最高、最响亮、最容易"出彩儿"的一个，占有举足轻重的地位。在 39 个韵母中，以 a 作主要元音的就有 14 个，在 400 个基本音节中以 a 作主要元音的有 160 个左右，占 40% 以上。正是因为这个开口度最大的低元音作主要元音，普通话语音方才显得如此响亮、悦耳。元音 a 使用的频率如此之高，由此暴露出来的问题也最多。a 音偏前，声音发"嗲"，男声女气，女声娇气，听来小气、拘谨、欠庄重；a 音发得偏后，压舌根、喉音重，吐字不真，声音苍老，口腔开度过大，气流不易控制，声音松散，口腔开度过小，声音塌扁，立不起来，a 音鼻化，听来声音不健康等。所以在发 a 音时，口腔开度、舌位情况都要因人而异，要结合气息的运用，矫正好发音。

发好 a 音，原则上应注意两点：

第一，打开后声腔。只有打开后声腔，才能使声音圆润、饱满。打开后声腔就意味着舌根部分要往下压，从前往后看去，舌头应该平铺在口腔的底部，可以直接看见小舌。口腔的容积大，不能一味地张大嘴或只打开前声腔，而是应当在压舌根的同时撑开后槽牙，以利于声音的回旋共振。正确的感觉是，好像用一根线把集中成声束的 a 从腹部拉出来。

第二，展开唇形。当然展开也要有个限度，不能像 i 那样咧开。a 的唇形是最自然的。歌唱中的 a 一般是将双唇拢圆的，前声腔拉长后容易引起泛音共鸣。

在实际发音中，还会遇到 a 音值联音变化的情况。除了典型音品央 a，还有其他 4 个变体，如前 a、前半低的 a、后 a 和央半低位置的 a。

典型音品 a（央 a）：①单独使用（自成音节），主要作字腹，同时也兼作字头和字尾，如"啊"（a）。②单独出现在辅音声母后面充当韵母，如"发"（fā）"达"（dá）。③与前面的介音（韵头）i 或 u 构成后响复合元音韵母 ia 或 ua，如"牙"（yá）

"刷"（shuā）。央 a 的舌位在舌头的中部。

变体前 a：与后面的高元音 i 或前鼻辅音 n 结合，构成复合元音韵母 ai 或前鼻辅音韵母 an 时，舌位要前移，如"安"（ān）"排"（pái）。

前半低 a：夹在做介音的高元音 i 和前鼻辅音 n 中间，构成带介音的前鼻音韵母 ian 时，发这个前半低的 a，如"田"（tián）"间"（jiān）。

变体后 a：与后面的元音 o 结合构成复合元音韵母 ao，或与后鼻辅音构成后鼻音韵母 ang（包括 iang）时，舌位要后移，如"考"（kǎo）"场"（chǎng）。

央半低的 a：①处在卷舌动作符号 r 的前面时，这个变体 a 应发成中央、半低的 a，如"把儿"（bàr）"花儿"（huār）。②夹在作介音的高元音 ü 和前鼻辅音 n 中间，构成带介音的韵母 üan 时，变体 a 也是中央、半低的 a，如"源"（yuán）"泉"（quán）。

以上这些受到前后音素影响产生的联音变体都属于正常现象。它们的读音比较接近，彼此又不对立，所以在称读和拼写时可以只用一个 a 韵母来表示。但在实际发音中，a 韵母受前后音节影响或受口腔开度影响而产生的变化，就是人为造成的错误了。

a 属于央、低、中常唇的元音，自成音节，单独使用的机会很多。另外，它出现在辅音声母后面的情况也不少见，如"马大哈""巴拿马"等。a 的标准舌位是"央低"，如果将它发成前 a 或后 a，加上欠缺口腔控制力，在快速语流行进中就必然会出现"吃字"现象。为了一味地追求亲切，故意把 a 发得又前又窄，形成"嗲音"也是不可取的。人为的、不合规范的变化都会不同程度地影响语义的表达。单发这些错误的语音往往会使听者不知所云，只能从连贯的语境中理解语义，如果这种情况出现在句子的重音上，就必然使整个句子发生混乱。尤其发一些开尾韵母 a 时，要自觉地变随意为有序，从自由无规则的错误发音中，回到有规则的变化中来。

a 组词训练如下：

发达 法拉 沙发 打卡

2. o——舌面、后、半高、圆唇元音

发音训练：软腭带着小舌向后咽壁挺起，关闭鼻腔通路，口腔半开，舌身后缩，舌尖离开下齿背，舌面后部向软腭隆起至半高程度，舌头的两边微微卷起，舌中部凹进，双唇略收敛前撮，拢成中圆状，上下唇之间的距离约一食指宽，上齿只露齿尖，下齿隐没，整个口腔呈圆柱状，满口用力，气流和音波颤动声带后自口腔流出。

发音提示：元音 o 叫"后半高圆唇元音"。其实，o 应该是半圆唇，也可以说是次圆唇。发音时唇角只是稍稍向里拢合，不能将双唇拢得太小、太圆，否则就有可能与另一个后元音 u 相似。唇形要自始至终固定在一个位置上，只要一动，不是变成复合元音 uo，就是变成 ou。一些中小学校在拼音教学时把 o 教成复合元音 uo，学生都念 a、uo、e，这是应当纠正的。o 是单元音，唇形和舌位都不允许有半点动程。

韵母 o 单独使用的概率很小，音不容易发得很准。可以尝试先从"多"（duo）音节中把 o 带出来，将"多"字拖得长一些，停止发音时唇形和舌位均保持着发音时的状态，然后再重新换气、发音，这样就能把 o 发得准确。

o 的舌位虽然也属"半高"之列，但比起同舌位的 e 来，要将双唇拢一下，前声腔加长，舌位略微下降一点，但还不至于降到"半低"位置。有的语音学者叫它"后中圆唇元音"，也有其道理。

o 组词训练如下：

菠萝 落寞 所迫 默默

3. e——舌面、后、半高、不圆唇元音

发音训练：软腭带着小舌向后咽壁挺起，关闭鼻腔通路，口腔半开，舌身后缩，舌尖离开下齿背，舌面后部向软腭隆起至半高程度，舌头中部凹进，两边稍稍卷起，嘴角向左右微微展开，上下齿之间约有一食指宽，上齿尖可露，下齿隐没，满口用力，气流和音波颤动声带后自口腔流出。

发音提示：元音 o 与 e 的区别有两点：

第一，e 的舌位比 o 略高些，因为 o 是半圆唇性质的，双唇一拢，前声腔加长，舌位略有下降。e 是典型的半高舌位。不过，在实际发音中这个小小的舌位变动从听感上是不易察觉的，所以，一般还是把 e 和 o 统称为后半高的元音。

第二，e 和 o 的显著区别在于唇形，e 是展唇的，o 基本上是属圆唇性质的，如果 e 发不好，可以由 o 引发到 e，先发 o 音，把它拖长，在连贯性气流的支撑下，逐渐把收敛的双唇放开，嘴角向两边一展就可以得到 e 了。发音时不必过多地考虑舌位的问题，只要将双唇一咧，舌位就会自然上升。也可以用另外一种方法发 e：先发好舌根摩擦辅音 h 的本音，在其持续的过程中，嗓子用力，振动声带，展开嘴角。只是 e 的舌根部位比 h 的舌根部位要宽松一些。

e 音位里有四个音品是普通话里能用到的。由于它们在音节中的不同场合出现，所以发音时要受到前后音素的影响而发生些微变异。

典型音品：①自成音节时，在后半高的位置，如"饿"（è）"鹅"（é）；②独立出现在辅音声母后面做单韵母，如"隔"（gé）"热"（rè）。

央 e：①处在轻声音节里，是中央位置的 e，如"的"（d）"了"（1）；②在 en、eng 等复合韵母里做韵腹，如"人"（rén）"生"（shēng）。

前半高 e：在复合元音 ei 里，基本上成了前半高的元音。因为发音时要迁就前元音 i，在它形成伊始舌位就需前移，如"蓓"（bèi）"蕾"（lěi）。

前半低 e：在复合元音 ie、ue 里，e 变成前半低，也可用 e 表示，如"越"（yuè）"野"（yě）。

e 组词训练如下：

歌德 特色 色泽 苛责

4. i——舌面、前、高、展唇元音

发音训练：软腭带着小舌向后咽壁挺起，关闭鼻腔通路，口腔开度极小，近于闭合，舌尖前伸下垂，紧紧抵住下齿背，舌叶部位隆起接近前硬腭，形成窄扁狭长的缝隙供气流和音波通过（气流通过时不产生摩擦），嘴角尽量向左右两边展开呈扁平状，上下唇成平一字形，气流和音波振动声带后自口腔流出。

发音提示：元音 i 是普通话里舌位最高的一个，因而有人将它称作"窄元音"。与英语中的长元音 [i] 进行比较，它的舌位比 [i] 还要高。正是这个高舌位、窄通道的缘故，使得过去戏曲界很多男演员都怕发这个"一七辙"的音。

发好元音 i，要注意以下两点：

第一，舌尖一定要抵在下齿背上，让舌叶去与前硬腭做适当调节，这是将 i 发得准确无误的前提。如果将舌尖上抬去碰上齿背，就会产生带有摩擦性质的噪音，带上了辅音色彩的元音听起来就有"咬舌"的感觉。

第二，唇形一定要展开、拉平。在 10 个单元音中，发 i 时，嘴角向两侧咧开的幅度最大，语音训练时甚至有必要将双唇拉成一字形。前面讲过，作韵腹或韵头时叫“齐齿呼”，齿齐了，唇自然也就是又扁又平的。

元音 i 音位有三个音品，除了这里讲到的舌面前高展唇元音外，还有两个舌尖元音，一个是舌尖前元音，另一个是舌尖后元音。这三个音品中，舌尖元音 i 的使用频率最高、最有代表性，是典型音品，其余两个舌尖元音都是 i 的变体。

i 组词训练如下：

比例 笔记 底气 意义

5. u——舌面、后、高、圆唇元音

发音训练：软腭带着小舌向后咽壁挺起，关闭鼻腔通路，口腔近乎闭拢，舌身后缩离开下齿背，舌面后部上升与软硬腭的交界线处相对，舌位在后口腔，双唇收缩成圆形向前凸出（动作如噘嘴），中间只留一小圆孔，其圆度比前元音 ū 还要圆些，气流和音波颤动声带后自口腔流出。

发音提示：元音 u 是普通话中舌位最高的一个后元音。其实，它的舌位不如前元音 l 和 ū 那么高，这一点从元音舌位图上可以看出。尽管如此，舌后部与软腭的距离也是很小的，只有一条窄窄的通道，易发成带有摩擦性质的辅音，而且一旦有了阻碍，处在后声腔的声音就很容易被“卡”死，发元音 u 时，同样不允许带有摩擦成分。

u 是普通话三个圆唇元音中唇形最圆的一个，u 的唇形比 o 略扁，o 的唇形更加接近中圆。

u 组词训练如下：

补助 初步 读书 互补

6. ü——舌面、前、高、圆唇元音

发音训练：软腭带着小舌向后咽壁挺起，关闭鼻腔通路，口腔近乎闭合，舌尖前伸下垂，紧紧抵住下齿背，让舌叶部位隆起接近硬腭的前部，形成窄扁狭长的缝隙，双唇收拢成圆状，气流和音波颤动声带后自口腔流出。

发音提示：元音 ü 和 i 的情况与 o 和 e 类似，显著差别就在于唇形的不同。ü 是圆唇的，i 是展唇的，而且要将唇角咧开。从舌高点来看，ü 的舌位比 i 略低，这也是因为双唇的拢圆相对地拉长了前声腔，导致了舌位的下降。

ü 和 u 都是正宗的圆唇元音，虽然它们的唇形圆度也稍有差异，ü 比 u 似乎更圆些，但并不明显。

ü和u是发音方法和性质完全不同的两个元音。《汉语拼音方案》用u上加两点来标示这个ü，并规定ü在作韵头或韵腹前拼舌面辅音j、q、x时，ü上的两点可以省略。因为普通话的音节拼合还有另外的规定，即声母j、q、x不与开口呼、合口呼的韵母组拼，没有ja、qe、xo，而只与齐齿呼或撮口呼相拼。所以，不会把"序曲"（xù qǔ）"绝句"（jué jù）等音节中的u误当作合口呼的u。

但是，ü在作韵头或韵腹时，前面的声母如果是l或n，ü上的两点不能省略。l和n不仅能与撮口呼ü成拼，还能与合口呼u成拼。例如，"毛驴"本该拼成máo lǘ，ü上两点省去后若拼写成máo lú，就会被认为是"茅庐"。

（1）ü组词训练

区域 旅居 屈居 曲剧 吕剧 须臾

（2）i和ü组词训练

i—ü

碧玉 必需 抵御 地区 机遇 积蓄

ü—i

拘役 绿地 拘泥 居里 举例 律己

（3）i和ü对比组词训练

一块—愉快

一米—玉米

系列—序列

经纪—京剧

7. ê——舌面、前、半低、展唇元音

发音训练：软腭带着小舌向后咽壁挺起，关闭鼻腔通路，口腔半开，上下门齿的距离大约相当于拇指的宽度（或口腔最大限度的三分之一），双唇展开，舌尖前伸抵住下门齿背，舌面前部升到半低位置（有语音学者认为是前中舌位），舌高点在口腔的前部与硬腭前部相对，气流和音波颤动声带后自口腔流出。

在普通话里，元音ê单独使用的机会极少，只能做叹词"欸"。在绝大多数情况下，都是与元音i或ü结合成复合元音韵母ie或üe，在ie或üe里，可以省去上面的小人字形符号。因为这个人字形符号是为了与后半高元音e相区别而设计的，而后半高元音e不会出现在i或ü的后面，即便是省去了这个符号也不会被误认为是 e，但是在单独使用时，还是要写成 e。另外在 üe 里，ü 上的两点也可省去，后高元音 u 不与 e 成拼，不必担心发生混淆。

ê 虽然也是独立的元音，但它却不能直接与声母相拼，只有与 i 或 ü 组合成复合元音 ie 或 üe 时才能前拼声母。

发音提示：大多数北方人不会单发这个音，只会发 ie 或 üe。可以利用 ie 或 üe 将其引导出来，方法如同由 uo 导引出 o，把 ie 或 üe 音拉长，取其尾音部分。

发 ê 音，需要注意以下两点：一是要有足够的口腔开度。如果口腔开得不够，上下齿间只能容一个小指头，整个音节会发"嗲"；二是要保持单元音特性。发音过程中自始至终唇形和舌位都不能有动程，尤其是起音时要注意口腔的作形，防止将本属于单元音的 ê 发成复合元音 ie。

在普通话的音节拼合中，ê 只与前面的 i 或 ü 组拼成复合元音韵母 ie 或 ue，只要能发好复合元音韵母 ie 或 ue 即可。

8. er——卷舌、央、中、展唇元音

发音训练：软腭带着小舌向后咽壁挺起，关闭鼻腔通路，口腔处于半开半闭状态，先将舌面平放，中央部位稍稍隆起，这个位置大致可以理解为舌位居中，一般用国际音标 [ar] 标示这个位置，据实际观察，应该比 [ar] 还要稍前一点。在发这个偏前 [ar] 的同时，轻轻地将舌尖往上一卷，舌尖接近硬腭前部。对镜观察，应当能够看到舌尖卷起后的舌背。发这个音时，双唇同样要展开，气流和音波颤动声带后自口腔流出。

er 是用两个字母表示的单元音音素。其中的 e 表示发音时的舌位，r 表示一个卷舌动作，仅仅是个形容性的符号，而不是辅音声母 r，它们尽管写法相同，内涵却完全不一样。

er 只能自成音节，单独使用，不能与任何一个声母组拼，也不能与任何一个元音结合。以 er 作为音节形式的字有"二""而""儿""耳""洱""尔""饵""迩"等二十几个。

发音提示：er 是北京话及汉语某些方言特有的元音，发好 er 元音也可采用夸张的"引渡"方法，先发好 e，然后接发 r，第二遍、第三遍可将卷舌动作 r 逐渐弱化，逐渐缩短 e 与 r 的距离，直到使 e 与 r 融为一体。过程如下：e → r，e → r，er。

er 组词训练如下：

儿童 儿女 而且 而是

9.-i（前）——舌尖、前、高、展唇元音

发音训练：软腭带着小舌向后咽壁挺起，关闭鼻腔通路，舌尖前伸接近上齿背，很像弱化的辅音 s 的浊音 [z]；舌叶部位上升至上齿背附近，但不能太接近，更不能接触，比发 s 稍远一点；双唇展开的幅度与 i 差不多，但不像 i 左右嘴角咧得那么开；气流和音波颤动声带后自口腔流出。

发音提示：舌尖元音 -i（前）没有单独使用的机会，不能自成音节，必须与辅音声母 z、c、s 完成组拼后才能体现出音素意义，所以往往不为人们注意和重视。一般的拼音教学无须把它抽离出来加以过细的研究，但在职业语言工作者的语音教学和训练中要对它做认真的剖析、精确的训练，这对于提高诸如"资""疵""思"一类音节发音的准确性大有裨益。

舌尖元音 -i（前）不能自成音节，只能在声母 z、c、s 的后面做单韵母，实际上等于一个"附属元音"，也就是说它不能与其他元音或辅音组拼，它的全部功能就是依附于声母 z、c、s。

舌尖元音 -i（前）的书面表示法，《汉语拼音方案》用 i 来兼代，并不会导致混乱。舌面元音不能直接与舌尖声母 z、c、s 组拼，那么出现在 z、c、s 后面的 i 只能是舌尖前元音 -i（前）。-i（前）和 [i] 出现的环境不同，各有其特定的拼音条件。一般的语音书在列举舌尖元音时，在未标国际音标的情况下为了加以区别，多在舌尖元音 i 的前面加上一道短横线，作为临时性的符号。

单独发舌尖元音 -i（前）的难度很大，训练时可采用"引渡"的方法。先将"资"字拉长，在保持原口腔作形的基础上，换一口气再接发它的后半部分。在实际发音中，-i（前）的口腔开度比辅音 s 的本音发音口形还要略宽、舌位略低，不允许有摩擦。练习发 -i（前）的目的在于更准确地发好 zi、ci、si 一类的音节，要防止脱离音节的练习。

-i（前）组词训练如下：

私自 子嗣 恣肆 自私 刺字 字词

10.-i（后）——舌尖、后、高、展唇元音

发音训练：软腭带着小舌向后咽壁挺起，关闭鼻腔通路；舌头后缩，舌尖向

上翘起对着硬腭前部，舌的收紧点比舌尖前元音 -i 要偏后一些，很像弱化的浊辅音 r 的发音，舌尖和硬腭之间不发生摩擦；双唇开度比舌尖前元音 -i 大；气流和音波颤动声带后自口腔流出。

发音提示：习惯了浊辅音声母 r 的发音，不太容易掌握住这个舌尖后元音。它们的舌位和唇形都相差不大，区别在于浊辅音 r 的发音在颤动声带时，音波中有很明显的噪音摩擦成分，而元音 -i（后）的音质却十分纯净，不发生摩擦，口腔的开度也略微大一些。

-i（后）也是附属元音，不能独立形成音节，只能依附于舌尖后声母 zh、ch、sh、r 才能在音节中发挥作用，也不会与其他元音、辅音结合使用。如果不能单独发好这个元音，会发整体音节 zhi、chi、shi、ri 也可以。

舌尖后元音的书面表示法也是采用字母 i 前面加一短横线兼代，即 -i 的形式。它与舌尖前元音的书面表示方法相同，实际读音却不同。为了表明这两个舌尖元音的区别，在标写时一般要标出它们各自的国际音标。为了印刷的方便和学习的简便，本书一律用"前"和"后"标示。

-i（后）组词训练如下：

实质 实施 史诗 值日

（二）单元音韵母的训练提示

元音是普通话语音的一大基本类别。元音的发音与辅音比较起来，表面上看，无非就是口形和舌位的变化，其实不然，生活中谁都会发 a 音，但要想把它发得又准、又亮、又美，就不容易。元音的发音讲究分寸和火候，每个元音的口腔操作即口腔开合大小、舌位高低前后以及唇形圆展都要恰到好处，方能做到方寸不乱、合于规范。为此，这里提出几点提示，仅供参考。

1. 元音定型

上面讲到的元音都是单元音，单元音的出字和收字都讲究定位。口腔内的舌位和外部唇形要相对稳定，谨防产生动程发成复合元音。o 的发音尤其应当注意。

2. 气控元音

与辅音相比较，气息与元音的关系更为密切。因为元音都是可以延长的乐音，持阻阶段覆盖着除阻，如果没有足够的气息供应就很难获得音值的延续，也就没有元音的存在了。要想使元音发得集中、鲜亮、富于情采，就必须结合气息的调控，音量由小到大，音高保持一致。6个主要母音（a、o、e、i、u、ü）连续转换练习时，气息要平缓、贯通、匀实，音素转换时只作口形和舌位的调整，稳住气息。

3. 以练好 a 音为先导

a 音是元音之魂，是多数音节的核心。a 音的发音质量会直接影响与它组拼的一系列音节的质量，如 ia、ua、ao、ai、an、ang、ian、uan、üan、iang 等，使之变得闷暗、呆滞。所以，元音练习强调的是以 a 为龙头，以点带面，用 a 来带动其他元音的发出。发好 a 这个开口度最大、最容易发散的元音，元音的发音问题就解决了一半。

4. 适当增大开口度

艺术语言一般都要求声音要有响度，即要有"亮点"。声音的响度与共鸣腔体的大小有直接的关系。仔细观察就会发现，大凡说话音量大时，口腔的开度总是较大一些。因此，提倡发音时把口腔适当撑大，即把舌头相对压低一些，让音波在口腔获得充分的激荡后再发出体外，以求获得每个元音的最大的共鸣量。

这里所说的扩大口腔，并不是要求单纯把双唇张得过大，而主要是撑开后槽牙，扩张后口腔。还要注意略展双唇、提起软腭、下降舌面，使咽腔和口腔联合形成喇叭口形。从 X 光机上看，元音 a 的声腔形状正好像个喇叭口，前腔稍大，后腔稍小，这就是为什么在发 a 时感到既省力又响亮的原因。元音 i 的发音后声腔要比前声腔宽得多，大头在咽腔部分，像个倒喇叭体，所以 i 音不会像 a 音那样响亮。

人类口腔内部的自然构造因人而异。有的人上腭宽深，口腔容积大；有的人上腭窄平，口腔容积小。不论自然条件如何，都需加以严格训练方能符合艺术语言的发声要求。

元音的特性是由声腔形态造成的，声腔状态改变，元音的性质就会受到影响。所以，扩大口腔要有度，只能在每个元音允许的范围内适度调节。如果使得元音变得面目全非，就背离了扩大口腔的初衷。

5. 前音后发，后音前发

声音的偏前或偏后主要表现在元音上。元音的偏前或偏后往往会影响辅音的发音位置，进而影响整个音节发音的准确程度。在发音实践中，声音偏后的现象比较多见，可能是单纯追求声音响度和厚度的结果。不反对艺术语言的发声位置应该比生活语言的发声略微靠后些，这是以不影响字音清晰度和声音与角色的配合为前提的。片面地增加声音的响度、任意将声音后移，就会违反艺术语言的规律，导致有音无字。

普通话语音系统的元音位置基本上属于中位，既不靠前也不偏后。因此有人提出"前音后发，后音前发"[①]的主张，这是基本上符合汉语发声特点的。这种"折中"的办法其目的在于把各种前后位置不同的元音统统拉到口腔的中部，从而克服前音偏薄、偏尖，后音偏死、偏沉的弊端，以适应艺术语言快速表达的要求。发音应提倡"中位发音"，不论是前元音还是后元音听起来都是从口腔中部的某一定位发出来的，这样的声音才是饱满的、集中的、厚实的，使人感到庄重、稳健、扎实、可信。当然，艺术语言还有语言造型的问题，为了适应各种角色的不同要求，能够学会变换声腔，随心所欲地发出偏前或偏后的声音，那则是更高层次的要求。

6. 窄音宽发，宽音窄发

这个问题的提出是由于宽元音在发音时不存在摩擦，而窄元音又极易产生摩擦，严重时还可能改变元音的性质，变成频率极高的摩擦音。这里侧重于要求窄元音的宽发，因为绝大多数男性和一部分女性在发窄元音时都存在着困难。如果再加上声音高度的要求，发音就更加困难了。这就是过去戏曲演员怕发"一七辙"和"姑苏辙"的原因。

窄元音的宽发，就是要寻找窄元音在口腔内的最大共鸣。当声音往上走时，口腔应随着声音的拔高而渐渐放宽，舌位有所降低，可以略微超出一些本音的范围。这样做不仅增加了窄元音的响度，还可以减轻嗓子的负担，容易找到上部共鸣。窄元音的这种宽发会使声音更加圆润、适中、柔美。

在窄元音中，i 是最为典型的，发音难度比较大。但最难发的还是两个舌尖元音，生活语言里它们就是与前面的声母 z、c、s、zh、ch、sh、r 的混合体，几乎分不清元音和辅音的界限。这一类的元音如果不宽发，很难体现出元音的特性。所以，无论哪一种类型的窄元音，由于气流的通道比较窄，在实际发声

---

① 王璐，吴洁茹. 语音发声 [M]. 北京：中国传媒大学出版社，2014.

中都有个宽发的问题。

至于宽元音，有人主张也可宽发，这个问题应当具体分析。如果说像 e、ê 这样的宽元音可以宽发，那么，像 a 这样开口度最大的宽元音还应适当地收敛，一味地宽发势必会将 a 发到散得不可收拾的地步。

7. 掌握圆唇元音的发音

普通话的圆唇元音有 3 个，o 属于半圆唇性质的，易于掌握，重点应注意掌握 u 和 ü。

u 和 ü 同时又是窄元音，不如同部位的展唇元音响亮。圆唇元音的前声腔长，等于在唇外又另加上了一个套筒。为了兼顾声音响度和唇形的美观，在发音时不要随意拉长前声腔，唇形也不要撮得太圆。发 ü 时除了坚持窄元音宽发的原则，还要注意口腔的容积要比 i 大些，唇形呈扁圆状，以保证力度。发 u 时，双唇也不能主动前撮，要用双唇中部撮敛的力量带动嘴角微向前移，唇孔尽量要开一些，口腔和双唇的肌肉要相应地放松。

二、复合元音韵母发音训练

普通话的复合元音韵母是复合音的一种，是由一连串音素复合、音素间相互影响发生质变而形成的一种新的声音组合。普通话里的这种复合音是由一串"带音"连续发音而成的，复合的结果或是发出几个元音组合，或是在元音之后带上一个鼻辅音（n 或 ng）作尾巴。它们是有高有低、有长有短、有中心有陪衬的，构成了固定的音组，既有一定的数目，也有固定的名称和发声规则，几乎可以把它们看作一个个独立的音段整体。其中比较短弱的次要元音一般总由最高元音 i、u、ü 担任，尽管它们实际读音不一定达到最高值。

普通话的复合元音韵母共有 13 个：ai、ei、ao、ou、ia、ie、ua、uo、üe、iao、iou、uai、uei。复合元音韵母又分为二合元音韵母和三合元音韵母两种，二合元音韵母由二合元音担任，即由两个元音组成。二合元音韵母又分为 4 个前响元音韵母 ai、ei、ao、ou 和 5 个后响元音韵母 ia、ie、ua、uo、üe。三合元音韵母由三合元音担任，即由三个元音组成。三合元音韵母又叫"中响元音韵母"，有 4 个：iao、iou、uai、uei。

（一）复合元音韵母的发音训练

1. 前响元音韵母

前响元音韵母 ai、ei、ao、ou 是二合元音韵母，前一个音素作韵腹，叫"首音"或"起点元音"；后一个音素作韵尾，叫"尾音"。口腔由开到闭，舌位由低到高。作韵腹的首音 a、o、e 要发得响亮、清晰、稍长一些，作尾音的 i、u（o）要短些、轻些、模糊含混一些，音值也不固定，只表示舌位滑动的大致趋向。两个元音的过渡趋向是直线形的滑动，而不是跳动的，不能拐弯。首音和尾音之间虽有一些过渡音，但中气不断、前后连贯、相互衔接，两个音素间没有明显的界限，形成一个不可分割的整体。

（1）ai

发音训练：ai 由两个前元音音素复合而成。发音时，首音 a 受韵尾 i 的影响，处于比较偏前的位置，口腔较央 a 小一点，称这个音品为前 a。发音开始，在关闭鼻腔通路的同时，舌尖顶在下齿背上不动，舌位逐渐滑动上升，口腔渐闭，到 i 时止（实际上 i 也同时受 a 的影响，舌位略低，口腔比单发时稍大，到不了单元音 i 的位置，大致相当于次高的元音位置），动程比较宽。作韵腹的首音 a 响而长，尾音 i 弱而短，只表示舌位的运动趋向。

"哀、矮、艾"都是这个复合音，可以自成音节，"开、来、太"等音节的韵母也是 ai，调号标在 a 上。

发音提示：有的发音者把末尾的 i 发得强而长，类似于单元音 i，听起来显得生硬，舌位抬高或迁移，省略韵尾，全不见动程；还有人将 ai 中的 a 发成了"后a"，口腔的动程加长了一截，在快速语流里常常"拌蒜"。在训练时，应着重避免以上四种发音倾向。

ai 组词训练如下：

爱戴 彩排 开拍 白菜

（2）ei

发音训练：ei 由两个前元音音素复合而成。发音时，首音 e 受韵尾 i 的影响，在关闭鼻腔通路的同时，舌尖抵在下齿背下面的下齿龈上，随着动程的行进，舌位渐升，口腔渐闭，到 i 时动程结束，整个动程很窄。尾音 i 因受 e 的影响舌位也有所降低，不如单发时那么高，大致停在次高位置。作韵腹的首音 e 响而长，作韵尾的 i 弱而短，只表示舌位的运动趋向。

"飞、雷"等音节的韵母都是这个复合音，不能自成音节，调号标在 e 上。

ei 组词训练如下：

贝类 北美 蓓蕾 肥美

（3）ao

发音训练：ao 由两个后元音音素复合而成。首音 a 因受韵尾 o 的影响要发成"后 a"。发音开始，在关闭鼻腔通路的同时，舌尖离开下齿，舌身后缩，舌位逐渐上升，唇形逐渐收敛、拢圆，动程到 o 为止。尾音 o 在 ao 里的舌位比单元音的 o 略高，接近于 u 的位置，又比 u 略低。作韵腹的首音 a 响而长，作韵尾的 o[u] 弱而短，只表示舌位的运动趋向。

"凹、翱、傲"就是这个复合音，可以自成音节，"报、饶、烧"等音节的韵母也是 ao，调号标在 a 上。

发音提示：

① ao 是复合音，发音过程中口腔内应自始至终有动作行进的轨迹，唇形也有由开到合的变化。

② ao 中的 a 属于"后 a"，注意将单元音 a 的位置往后推，发音感觉上的"侉"味儿就是这个 a 的定位有误所致。

③韵尾 o[u] 的时值一发即收，抻得过长会减弱韵腹的色彩。

④《汉语拼音方案》之所以规定将 ao 的尾音写作 o，而不是 u，一是为了避免手写体在形状上与前鼻音 an 混淆；二是为了增加 o 的使用频率，因为在普通话中，o 的使用机会很少。

ao 组词训练如下：

报道 报告 报到 早操

（4）ou

发音训练：ou 由两个后元音音素复合而成。发音开始，在关闭鼻腔通路的同时，舌位由比 o 略高略前的位置逐渐上升后移，唇形逐渐收敛、拢圆，到 u 为止。在所有的复合元音里，ou 的动程最短，从后半高位始发，后舌面往上轻轻一掀即可到位。作韵腹的首音 o 稍响而长些，作韵尾的 u 稍弱而短些。

"欧、呕、沤"都是这个复合音，可以自成音节，"周、口、猴"等音节的韵腹也是 ou，调号标在 o 上。

发音提示：

①ou 是个复合元音，与单元音 o 的外部区别在于唇形的蠕动，发音过程中双唇要稍稍收拢；内部区别是舌位的升高和后移。

②有的语音理论书上讲，ou 中的 o 应发成"央 e"，整个复合元音成为 [əu]，类似于英语字母 o 的发音，也就丧失了汉语的味道。如果单从发音的实用性方面来讲，为了防止将 ou"噎"在后口腔里，可以把 ou 中的 o 发得稍稍偏前一点，不必要非得发成"央 e"。

ou 组词训练如下：

豆蔻 欧洲 收走 收购 售后

2. 后响元音韵母

口腔由闭到开，舌位由高到低。作韵头的首音轻短，只表示舌位从此启动；作韵腹的尾音音值较长，清晰、响亮，声音由含混逐渐变得清亮，终点确定，两个元音之间的动程趋向于直线形的过渡，不能拐弯。

（1）ia

发音训练：ia 由前元音 i 和央元音 a 复合而成。发音时，在关闭鼻腔通路的同时，舌位由高元音 i 的位置逐渐后移下降，趋向中央，到"央 a"为止（应比单发的"央 a"舌位稍高一点），动程较宽。作韵头的首音 i 又紧又短，作韵腹的尾音 a 又响又长。

"牙、雅、亚"都是这个复合音，可以自成音节，"俩、家、下"等音节的韵母也是 ia，调号标在 a 上。

发音提示：应以单元音 a 的典型音品"央 a"为主导，归音一定要归到中央位置的 a 上，归位的偏前或偏后都可能导致整个音节发散或闷暗。

ia 组词训练如下：

压价 加价 下架 压下

（2）ie

发音训练：ie 由两个前元音音素复合而成。发音时，在关闭鼻腔通路的同时，舌位由 i 渐降，稍向后移，唇形变得更加自然，到 e 为止，动程较窄。作韵头的首音 i 又紧又短，作韵腹的尾音 e 又响又长。

"椰、爷、也"都是这个复合音，可以自成音节，"谢、茄、姐"等音节的韵母也是 ie，调号标在 e 上。

发音提示：发好 ie 的关键在于韵腹 e。个别方音将 ie 发成了 iɑi，使以 ie 作韵腹的字都受到了影响。

ie 组词训练如下：

谢谢 业界 贴切 结界

（3）ua

发音训练：ua 由一个后元音和一个央元音复合而成。发音时，在关闭鼻腔通路的同时，舌位由后高位置逐渐前移下降，趋向中央，到央 ɑ 为止。唇形渐开，动程较宽。首音 u 因受尾音 ɑ 的影响，舌位比单元音的 u 略前略低，央 ɑ 也比单发时的舌位稍高，唇稍圆。作韵头的首音 u 紧而短，作韵腹的尾音 ɑ 响而长。

"挖、瓦、袜"都是这个复合音，可以自成音节，"瓜、刷、画"等音节的韵母也是 ua，调号标在 ɑ 上。

ua 组词训练如下：

画画 唰唰 哗哗

（4）uo

发音训练：uo 由两个后高元音复合而成。发音时，在关闭鼻腔通路的同时，舌位从 u 开始逐渐前移下降，口形稍开，动程相当短。作韵头的首音 u 紧而短，作韵腹的尾音 o 响而长。

"窝、我、握"都是这个复合音，可以自成音节，"多、火、阔"等音节中的韵母也是 uo，调号标 o 上。

发音提示：

①uo 的动程与前响复合元音 ou 的动程几乎一样短，只是 uo 的舌位下降并稍向前移，ou 的舌位上升并稍向后移。尽管如此，发音时也应反映出舌位动程的轨迹。

②构成 uo 的两个元音都在后口腔，极易将整个音节"噎"死在口里吐不出来，只能将 uo 中的尾音 o 的舌位往下拉，比单发时低一些，使口腔张得大些，以便获得充分的共鸣效应。

uo 组词训练如下：

蹉跎 国货 所作

（5）üe

发音训练：üe 由两个前元音复合而成。发音时，在关闭鼻腔通路的同时，舌位逐渐后移下降，唇形变得自然，到 ê 为止，动程较窄。作韵头的首音 ü 又紧又短，作韵腹的尾音 ê 又响又长。

"约、越、跃"都是这个复合音，可以自成音节，"靴、雀、略"等音节中的韵母也是 üe，调号标在 e 上。üe 在前拼声母时，ü 上的两点省略。

üe 组词训练如下：

雀跃 跃跃 约略 略略

3. 中响元音韵母

中响元音韵母由 3 个元音组成。可以认为是在前响二合元音之前加上一段由 i 或 u 开始的舌位动程，原来的前响元音仍旧保持着自己的特色。因为最响亮的元音居中，所以叫"中响"。

发音时，口腔由闭到开再到闭，共鸣由小到大再到小，舌位由高到低再到高。前面的首音轻短，中间的"中音"清晰、响亮、丰满、扎实，后面的尾音含混轻短，只表示舌位运动的趋向。舌位运作呈曲线形，更强调音素之间转换的"滑动"感。

中响元音的音势是由弱到强、再由强到弱，没有强弱强型的三合元音。所以，所谓的"三合元音"或"中响复合元音"都是结合得相当紧密的同一个音节的语音组合。如果两头强、中间弱，就会构成两个或三个音节，像 aia，如果不是"阿姨啊"三个音节，至少也是"啊呀"或"爱啊"两个音节。

（1）iao

发音训练：iao 在 ao 的基础上，前面增加了一段由 i 到 a 的发音过程。在关闭鼻腔通路的同时，舌位从前高元音 i 开始启动，舌面先降后升，由前到后呈大曲折形状，幅度虽大，角度却不大。口形也由展唇状态经自然唇最后向圆唇 o 发展。短而紧的首音 i 作韵头，舒而弱的尾音 o[u] 作韵尾，响而长的中音 a 作韵腹。

"腰、摇、咬"都是这个复合音，可以自成音节，"交、桥、笑"等音节中的韵母也是 iao，调号标在 a 上。

发音提示：① iao 中的 a 应该是中央位置偏后一点的 a，由于它处在"中音"位置，前面要受到 i 的影响，后面要受到 o 的制约，因此只能保持在中段位，又因在由 a 向 o 的进程中，舌位要相对抬高，双唇要拢圆，这就逼迫央位的 a 向后位移，发过央 a 后立刻向 o 靠拢。

②o 的实际发音位置是 [u]，目的是增加 o 的使用概率。

iao 组词训练如下：

小苗 吊桥 秒表 渺小 小瞧 调笑

（2）iou

发音训练：iou 在 ou 的基础上，前面增加了一段由 i 到 o 的发音动程。在关闭鼻腔通路的同时，舌位从前元音 i 开始启动，由前到后，舌面先降后升，幅度不大，角度不小，唇形由发展到中圆最后归到圆唇。短而紧的首音 i 作韵头，舒而弱的尾音 u 作韵尾，作韵腹的中音 o 又响又长。

"优、油、友"都是这个复合音，可以自成音节，"刘、牛、秀"等音节中的韵母也是 iou。iou 在自成音节时，要写成 you 的形式，调号标在 o 上；在前拼声母时，o 可省去，韵母部分要写成 iu，如"jiǔ（九）""liú（流）"等，调号改标在末尾的 u 上。

发音提示：①声调对它的影响。声调本来对任何一个元音的发出都会产生或多或少的影响，比如阴平、阳平字的高音效应会使元音的舌位相对抬高，口形稍合；上声、去声的低音效应会使舌位稍降，口形开卷。这在一般元音、复合音里不太显著，而在这个 iou 上却反映得比较充分。受声调的支配，它不论自成音节还是前拼声母，如果是阴平、阳平字，中音 o 接近于消失，因为 o 到 u 的动程很小。如果在它前面又加上一个有相当间距的前元音 i，动程加大，角度也随之加大，成了接近平直的大钝角，进一步减弱了它向下的活动幅度。o 作为主要元音，受声调影响最大，这也是它在前拼声母时的书写形式中消失的直接原因。

②作为中音的韵腹 o 受到冲击之后减弱，在前拼声母的书写时可以忽略不计，这是出于简便易学的考虑。但在实际发音时，必须重视这个 o 的客观存在以及它所发挥的作用。有的发音者注意不到 o 的名亡实存，误以为应以 u 作韵腹，于是就由 i 直接归于 u，声音听起来梗涩、僵直，缺乏中响元音诸音素间曲线过渡的律动美感。究其实质，o 尽管减弱了，但没有完全消失，减弱后的 o 仍是整个韵母的"魂灵"，有了它，整个韵母乃至音节才能动听、丰盈，才符合听觉习惯。

iou 组词训练如下：

就有 久留 旧友 优秀 悠久

（3）uai

发音训练：uai 在 ai 的基础上，前面增加了一段由 u 到 a 的发音动程。在关闭鼻腔通路的同时，舌位从后高元音 u 启动，由后到央再到前，舌面先降后升，呈大曲折形，幅度大而曲折角度不大。唇形先由圆形变得自然，继而又咧开呈一字形。短而紧的首音 u 作韵头，舒而弱的尾音 i 作韵尾，作韵腹的中音 a 又响又长。

"歪、崴、外"都是这个复合音，可以自成音节，"快、帅、怪"等音节中的韵母也是 uai，调号标在 a 上。uai 自成音节时，要写成 wai 的形式，首音 u 要改换成头母 w。

发音提示：w 是个半元音，发音时允许有一定的摩擦，但这种摩擦不是在上齿与下齿之间，而是在双唇之间。相当一部分发音者将 w 发成了唇齿音 v，不符合规范。当然，如果把 w 发得完整，也并不好听。高明的办法是将头母发得在 w 与 v 的似与不似之间，既不似 w，也不似 v。uei 自成音节时，头母的发音与之同理。

uai 组词训练如下：

怀揣 拽坏 外快 乖乖 踹开

（4）uei

发音训练：uei 在 ei 的基础上，前面增加了一段由 u 到 e 的发音动程。在关闭鼻腔通路的同时，舌位从后高元音 u 启动，由后及前，舌面先降后升呈小曲折形，幅度不大，曲折角度不小。唇形先由圆变为接近自然的 e，继而又咧开呈一字形。短而紧的首音 u 作韵头，舒而弱的尾音 i 作韵尾，又响又长的中音 e 作韵腹。

"微、委、位"都是这个复合音，可以自成音节，"堆、轨、汇"等音节中的韵母也是 uei。uei 在自成音节时，要写成 wei 的形式，首音 u 改换成头母 w，调号标在 e 上；在前拼声母时，e 可以省去不写，韵母部分可直接写成 ui，如"zuì（最）""huì（惠）"等，调号改标在末尾的 i 上。

发音提示：①在自成音节或前拼声母时，uei 这个复合音因受声母和声调的影响，发音时会有一点不引人注意的变化。自成音节时，如果声调是阴平、阳平时，当中的 e 减弱，近于消失；如果声调是上声、去声时，仍旧保持不变。前拼的声母如果是舌尖阻的 z、c、s、zh、ch、sh、r，再加上阴平、阳平声调，其中的 e 衰减得就更厉害，基本上消失殆尽；如果前拼的声母是舌根阻的 g、k、h 时，加上阴平、阳平声调，其中的 e 也会有一定程度的衰减。

②声调对 uei 的影响和对 iou 的影响差不多，只是 ei 的动程比 ou 宽些，e 的衰减程度不及 o 强。

③声母对 uei 的影响比对 iou 的影响要复杂一些，舌尖阻的声母与 uei 结合时，舌的部位必须先自前向后移动，再由后向前移动，这种往返的大动程消磨掉了一部分构成 e 的本来就极易消失的不稳定音素，使动程曲折度受损。舌根阻的声母本身发音部位就在口腔后部，当然不如舌尖阻的声母那么显著。

④与 iou 同样，uei 在有声母的拼合发音过程中，也应当注意中音 e 的存在，避免读丢。

（二）复合元音韵母的训练提示

一是复合元音韵母发音时，口腔内有动程，表现出两个或三个元音之间的音色渐变，发音过程中允许舌位移动，但不能走样。要注意复合元音的整体性，动作不得机械地分解，音素过渡讲究自然、平滑、连贯。

二是复合元音中几乎每个元音的音质都与其作为典型单元音时的音位不同，这种变形是正常的，掌握这些复合元音中的特殊音品是准确发音的重要环节。

三是以发音准确为前提，口腔内舌位的运动幅度不可过大，有可能时要尽量往一起归，如 iao，幅度太大就会导致声音的散失。

四是主要元音要发得响、放得开，首音讲究定位准确，尾音讲究趋向鲜明且收得住。

三、鼻韵母发音训练

（一）前鼻音韵母训练提示

"前鼻音韵母"，是指由一个或两个元音在其后面带上作韵尾的鼻辅音 n 构成的韵母。n 和 ng 比较，n 的发音部位在前，因而称为"前鼻音韵母"，简称"前鼻音"，又因为 n 是舌尖音，发音时舌尖抵在上齿龈，所以又称为"舌尖鼻音"。普通话里共有 8 个前鼻音韵母：an、en、in、ün、ian、uan、üan、uen。

普通话里的前鼻音大致可分为两类：

一类由一个元音后面加上鼻尾组成，例如 an、en、in、ün。发音时都是先发一个完整的元音，紧接着软腭和小舌放松垂下，鼻音色彩逐渐加强，舌尖往上齿龈的方向移动，最后抵在上齿龈上，构成鼻辅音 n 的态势。口腔动程轨迹是直线形发展的。

另一类由两个元音后面加上鼻尾 n 组成，例如 ian、uan、üan、uen。发音时先从前面轻短的元音滑向中间响亮的主要元音，紧接着将软腭和小舌降下来，打开鼻腔通路，舌尖抵住上齿龈，构成辅音 n 的态势。口腔内的动程轨迹是曲线形发展的。

1. an

训练提示：an 由"前 a"启动，软腭带着小舌向后咽壁挺起，关闭鼻腔通路，舌尖先抵在下齿背上，随着"前 a"的结束，舌面稍升，舌尖直奔上齿龈。与此同时，软腭和小舌迅速垂下放松，打开鼻腔通路，待舌尖顶住上齿龈，完成口腔通路的封闭后，气流和音波改从鼻腔流出，以纯粹的不除阻的鼻音 n 结束发音全程。

"安、俺、暗"都是这个鼻韵母自成音节的形式，"沾、胆、善"等音节中的韵母也是 an，调号标在 a 上。

作为韵尾，音值又短又弱，到位即止。但是，舌位的运作趋向十分明显，最终舌尖抵在上齿龈上。

an 组词训练如下：

安然 案板 暗淡 暗探 灿烂

2. ian

训练提示：ian 由 i 启动，发音开始，软腭带着小舌向后咽壁挺起，关闭鼻腔的通路，舌尖先由前高位的 i 逐渐下降，降到前半低位的 a，拉开立起，口腔也随之打开，待 a 充分展开后，舌高点逐渐前移抬高，直奔上齿龈，口腔又趋于闭合。与此同时，软腭和小舌迅速放松垂下，打开鼻腔的通路，最终将舌尖抵在上齿龈上，以纯粹的不除阻的鼻尾 n 结束发音全程。

"烟、岩、眼"都是这个鼻韵母自成音节的形式，自成音节时 i 要改写成头母 y。"天、联、线"等音节中的韵母也是 ian，调号标在 a 上。

单从音节的拼写形式上看，这个复合音的发音本来可以描写为在 an 的前面加上一段由 i 到 a（前 a）的舌位动程。小学汉语拼音教学简单地把 ian 教成 i+an，似乎也是可以的。但是，由于 ian 中的 a 前面加了 i 的缘故，已经不是 an 中的"前 a"，它在 ian 中的实际发音位置要比"前 a"更前更高一些。因为 ian 的全部动程是一个相当大的迂回动作，它由前高元音 i 一直降到前低元音 a，然后将舌头回升，使舌尖抵在上齿龈上发 n。n 虽然是舌尖的活动，可是也要带动舌面、下腭向上移动，而且口型也要相应闭合，在语流的快速行进中需做大迂回往返动作的低、开元音是适应不了的。在这种情况下，如果不折不扣地发 ian，效果肯定不好。可以把 a 的舌位稍抬一点，无论语流怎么快都不至于借口不及，这也是北京语音的一个特殊的变化，写法上依旧是 ian，只是实际发音时有以上的变化。

ian 组词训练如下：

变脸 变迁 电线 垫肩 惦念 减免

3. uan

训练提示：uan 以 an 为基础，在 an 的前面增加一段由 u 舌位开始的轻短的发音动程。软腭带着小舌向后咽壁挺起，关闭鼻腔的通路，动程从后高舌位的圆唇 u 启动，随着动程的行进，舌位向前降移，口腔打开，到最大限度的 a 后，舌位又随着口腔的渐闭继续向前抬移，舌尖直奔上齿龈。与此同时，软腭和小舌迅速放松垂下，打开鼻腔通路，最终将舌尖抵住上齿龈，以纯粹的不除阻的鼻尾 n 结束发音全程。

"弯、晚、万"都是这个鼻韵母自成音节的形式，自成音节时，u 要改写成头母 w，"端、蒜、换"等音节中的韵母也是 uan，调号标在 a 上。

观察 uan 的发音动程，由 u 到 a 再到 n，可以说是幅度不小，曲折角度不大，呈一个大的钝角形。舌位在由后至前的移动中，始终处于不促迫的环境中，因而发音不受什么影响。只是 a 的唇形由于要将就 u，或者说是由圆唇 u 带发的，因而比单发时应该稍圆一些。韵头 u 的音值不能拉得过长，以防将主要元音 a 挤掉一部分。u 的发音双唇要撮敛起来，头母 w 仍是双唇音，切忌将 u 发成唇齿音 v。

uan 组词训练如下：

传唤 串换 贯穿 换算 婉转

4. üan

训练提示：üan 舌位从前高位的 ü 启动。软腭带着小舌向后咽壁挺起，关闭鼻腔的通路，随着动程的行进，舌位逐渐后降，唇形逐渐放开，待 a 发满后，再将舌头向前高方向移动，唇角逐渐咧开，舌尖直奔上齿龈。与此同时，软腭和小舌迅速放松垂下，打开鼻腔通路，待舌尖和上齿龈完成对口腔的封闭后，以纯粹的不除阻的鼻尾 n 结束发音全程。

"渊、原、远"都是这个鼻韵母自成音节的形式，在自成音节时，前面要加上头母 y，"卷、权、宣"等音节中的韵母也是 uan，调号标在 a 上。

从拼音形式上看，可以把这个 üan 描写为在 an 的前面加上一个由 u 到 a 的轻短的发音动程。但是，与 ian 差不多，üan 中的 a 在实际发声时也有变化。üan 中的 a 则由于前面的 ü 是撮成圆唇的，在由 ü 到 a 的进程中，它不但要对 a 的前移起限制作用，还要将 a 向后上方迁移，一直牵到比"央 a"还高出一些的位置，同时 a 的唇形也比 ian 中的 a 略圆些。

üan 组词训练如下：

源泉 渊源 远远

5. en

训练提示：en 由"央 e"的舌位开始发音。软腭带着小舌向后咽壁挺起，关闭鼻腔的通路，先发纯口音的"央 e"，随着 e 音的结束，舌尖随即前伸，直奔上齿龈。与此同时，软腭和小舌迅速放松，打开鼻腔通路，待舌尖一旦抵住上齿龈，完成对口腔的封闭后，气流和音波从鼻腔流出，以纯粹的不除阻的鼻音 n 结束发音全程。由 e 到 n 的动程不大，呈直线运动。

"恩"就是这个鼻韵母自成音节的形式，"分、很、根"等音节中的韵母也是 en，调号标在 e 上。

有些人发不好这个 en 音，或者从 e 就开始鼻化，关键是没有掌握"央 e"的位置。"央 e"就是汉语"的""得"的韵母，在这个位置上只要把舌尖轻轻往上一挑，抵住上齿龈即可，动作幅度不大，无须使太大的力气。

en 组词训练如下：

本分 本身 分身 人参 认真

6. in

训练提示：in 由前高元音 i 的舌位开始。软腭带着小舌向后咽壁挺起，关闭鼻腔的通路，舌尖先抵住下齿背，发纯口音 [i]：随着 i 的结束，软腭和小舌迅速放松垂下，打开鼻腔通路。与此同时，舌尖上翻顶住上齿龈，完成对口腔的封闭之后，气流和音波流入鼻腔，以纯粹的不除阻的鼻尾 n 结束发音全程。

"因、银、引"都是这个鼻韵母自成音节的形式，自成音节时，前面加上头母 y，"民、林、进"等音节中的韵母也是 in，调号标在 i 上，

在发音过程中，上下齿始终接近于闭合状态，口形基本保持不变，只有舌尖自下向上翻转，舌身不可向后移动。在 8 个前鼻音中，in 的动程最短，舌尖向上一抬即可，由 i 到 n 的动程不宜过长。更不能将 in 读成 i+en，i 和 n 之间不存在 e，i 是韵腹且 i 不能鼻化。

in 组词训练如下：

濒临 金银 紧邻 近邻 尽心 辛勤 薪金

7. uen

训练提示：uen 由 en 前面加上一段 u 的舌位开始发音。发音开始，软腭带着小舌向后咽壁挺起，关闭鼻腔的通路，发 u 后，舌面逐渐向前低位降移，唇形渐开，到"央 e"时舌位又向前向上伸移，舌尖直奔上齿龈。与此同时，软腭和小舌迅速放松垂下，打开鼻腔通路，舌尖和上齿龈完成对口腔的封闭后，以纯粹的不除阻的鼻尾 n 结束发音全程。

"温、稳、问"都是这个鼻韵母自成音节的形式，自成音节时，u 要改写成头母 w。

在读法上应避免将 u 发成唇齿音 v，调号标在 e 上。前拼声母时，为了缩短拼式，整个韵母可写成 un，中间的 e 可省略，如"chūn（春）"等，调号改标在 u 上，但在拼读时仍应以 e 为韵腹。"尊、笋"等音节中的韵母也是 uen。

实际发音时，受声调、声母的影响，音值会有变化，具体情况与复合元音韵母 uei 的变化相同。

uen 组词训练如下：

昆仑 混沌 馄饨 伦敦 春笋 论文

8. ün

训练提示：ün 由前高圆唇元音 ü 舌位开始。软腭带着小舌向后咽壁挺起，关闭鼻腔的通路，舌尖抵住下齿背发圆唇的元音 ü，随着 ü 的结束，软腭和小舌迅速放松垂下，打开鼻腔通路。与此同时，舌尖猛然上翻，向上齿龈运动，待舌尖和上齿龈完成对口腔的封闭之后，气流和音波从鼻腔流出，以纯粹的不除阻的鼻尾 n 结束发音全程。

"晕、云、蕴"都是这个鼻韵母自成音节的形式，"军、群、勋"等音节中的韵母也是 ün。

ün 的发音与 in 相似，只是唇形的变化不同，ün 是由 ü 的收敛到 n 时的展放过程，而 in 在发音过程中唇形自始至终保持不变。同样，也不能将 ün 发成 ü+en，中间不存在元音 e，由 ü 直接到 n。自成音节时，在写法上 ün 的前面应加上头母 y。不论是自成音节（前面需加 y）还是前拼声母，ü 上两点均可省略，调号标在 ü 上，如"yún（云）""xùn（训）"等。

ün 组词训练如下：

军训 均匀

（二）后鼻音韵母训练提示

后鼻音韵母是鼻韵母的另一种类型，与前鼻音韵母相对而言，是指由一个或两个元音后面带作韵尾的鼻辅音所形成的韵母。ng 与 n 比较起来，发音部位在口腔后部，所以带 ng 尾的韵母均被称作"后鼻音韵母"，或简称为"后鼻音"，又因为 ng 是舌根音，又称为"舌根鼻音"。普通话里共有 8 个后鼻音韵母：ang、iang、uang、eng、ing、ueng、ong、iong。

后鼻音韵母分为两类：

一类由一个可以作韵腹的元音与鼻韵尾 ng 构成，如 ang、eng、ing、ong 发音时，先发一个单纯的主要元音，紧接着口腔缩小，舌根抬起来与软腭接触，构成舌根阻的态势，最后以具有浓郁鼻音色彩的 ng 结束发音全程。

另一类由二合元音（复合元音）与鼻韵尾 ng 构成，如 iang、uang、ueng、

iong 前面的韵头部分又轻又短，只表示舌位从此启动，紧接着发主要元音，待主要元音充分展开后，将口腔缩小，舌根抬起向软腭部位移动，直到最后贴紧软腭，以具有浓郁鼻音色彩的 ng 结束发音全程。这一类由两个元音与 ng 结合的鼻韵母，其主要元音 a、e、o 与韵头的关系不如与韵尾的关系那么密切。可以用两拼法来组织发音，即先将主要元音与 ng 尾拼合起来，使之成为一类独立的后鼻韵母，然后再以此作为一个整体去与韵头 i 或 u 相拼，这样音素之间的界限更加鲜明，发音的准确性也会随之提高。反之，如果先将两个元音拼合起来，再去同 ng 尾结合，那么，元音在相互结合的过程中都可能引起损失或质变，效果往往不佳。

前后鼻音韵母的区别在于韵尾 n 与 ng。n 与 ng 尽管都是鼻辅音音素，但 n 既能作韵尾，又可以作声母，而 ng 只能作韵尾。发 n 时，舌头抵在上齿龈阻气（一定要抵在上齿龈上，不能放在两齿之间，更不能伸出齿外），双唇稍离，上齿掩住下齿，口腔基本属于半闭状态；发 ng 时，舌根要抵住软腭阻气，口型可以大开，鼻音气息较重，听起来比 n 要响亮一些。

后鼻音 ng 虽然只作韵尾，又常和元音一起出现，没有机会单独使用，但在发音训练中应予以重视，目的是发好后鼻音韵母的音节。要想使每个后鼻音韵母都发得准确无误又符合艺术语言的要求，必须强化 ng 韵尾的训练。

首先，ng 是个舌根阻的鼻音，要颤动声带，气流和音波自鼻腔流出，口腔内的阻塞点在口腔后部，由舌根和软腭两个方面共同完成。其次，ng 是个后鼻辅音，软腭与舌根成阻后，前口腔要大张，舌尖抵住下齿龈不能动弹，不能同时既把舌尖挑起来，又与上齿龈成阻。再次，软腭与舌根成阻时，软腭只是稍稍降下来接应，主要是舌根主动隆起与软腭成阻，发音时不可狠压软腭，这样会使舌根向下压迫喉头，使发出的鼻音不但闷滞缺乏光泽，还会增加喉头的负担，影响声带的正常运动。

ng 的发音训练可描述如下：发音时，前口腔大张定型，舌根部主动上抬与放松下垂的软腭接触，完成对口腔的封闭，颤动了声带的气流和音波到达咽腔后，只震荡一下，随即上升到达鼻腔，在鼻腔、咽腔获得共鸣后，从鼻孔流出体外。

1. ang

训练提示：ang 发音动程自"后 a"开始。先将软腭和小舌向后咽壁挺起，关闭鼻腔的通路，同时舌身后缩，让舌肌点对着软腭，发纯口音的"后 a"，待"后

a"充分展开发足后，舌根部主动上抬，软腭和小舌也放松下垂，双方在口腔的后上方接合成阻，完成对口腔通路的封闭，从肺部呼出的气流和音波经咽头打了个"旋儿"后上冲灌入鼻腔，以纯粹的不除阻的鼻尾 ng 结束全音。口形由大开向微合滑动。

"肮、昂、盎"都是这个鼻韵母自成音节的形式，"旁、丈、刚"等音节中的韵母也是 ang，调号标在 a 上。

发音提示：a 的发音因为要将就 ng 必定要后移一些，不能发成"央 a"，更不是"前 a"。

a 的发音不能鼻化。这个韵腹 a 是个纯粹的口音，把它发够、发足了，才开始向 ng 过渡。有人将 a 发成口鼻音（鼻化元音），原因是从一开始就打开了鼻腔的通路，软腭和小舌自然放松，后半部的舌根无上升的动程，这样的鼻化音听来也好像是 ang，但细究起来是错误的。发这种口鼻音，口腔内没有动程，口形亦无变化，只是呆张着嘴。

ang 组词训练如下：

帮忙 仓房 沧桑 苍茫 厂商 上访 党章

2. iang

训练提示：iang 发音动程自前高元音 i 开始。可以认为是在 ang 前面加上一段由 i 到 a 的舌位动程。将软腭和小舌向后咽壁挺起，关闭鼻腔通路，先发又轻又短的 i，紧接着引渡到主要元音 a 上（iang 中的 a，实际上比"后 a"要稍前一点，这是受前高元音 i 的影响所致），舌尖迅速脱开下齿背，随着舌身的后缩和下降，将 a 充分发足展开后，舌根主动上抬与放松下垂的软腭在口腔后上方接合成阻，切断气流和音波向口腔继续前行的通路，到咽头后直接上冲灌入鼻腔，从鼻孔泄出，以发纯粹的不除阻的鼻尾 ng 结束全音。

"阳、养、样"都是这个鼻韵母自成音节的形式，自成音节时，i 要改写为头母 y，"强、讲、象"等音节中的韵母也是 iang，调号标在 a 上。

iang 组词训练如下：

酱香 强将 粮饷 两厢 亮相 想象

3. uang

训练提示：uang 发音动程自后高元音 u 开始。可以认为是在 ang 的前面加上一段由 u 到 a 的舌位动程。发音开始，软腭带着小舌向后咽壁挺起，关闭鼻腔的通路，先发又轻又短的后高位置的 u，随着动程的行进，舌位渐次前降，口腔渐开，向主要元音"后 a"引渡，待"后 a"发足展开后，舌根部主动上抬，与放松下垂的软腭在口腔后上方接合成阻，切断气流和音波向口腔继续前行的通路，使之到达咽头后直接上冲灌入鼻腔，从鼻孔泄出，以发纯粹的不除阻的鼻尾 ng 结束全音。

"汪、王、望"都是这个鼻韵母自成音节的形式，自成音节时，u 要改写成头母 w，"光、黄、况"等音节中的韵母也是 uang，调号标在 a 上。

发音提示：这个鼻韵母的动程虽然也如前鼻音 ian、üan 那样直接往返，但由于后列元音 u、a 和舌根阻鼻辅音 ng 的舌位都处在口腔的后部，它的往返动程不如 ian、üan 那么大，因而不会产生明显的变化。发音时，只需注意在 uang 自成音节时，不要将 u 发成唇齿阻的 v。

uang 组词训练如下：

窗框 狂妄 矿床 双簧 网状 装潢 状况

4. eng

训练提示：eng 发音动程自"央 e"开始。先将软腭和小舌向后咽壁挺起，关闭鼻腔通路；轻轻地发好"央 e"，然后，软腭和小舌放松垂下，打开鼻腔通路，舌根部渐渐上抬，与软腭在口腔的后上方共同完成对口腔的封闭后，使气流和音波在咽头直接上冲灌入鼻腔，从鼻孔泄出，以纯粹的不除阻的鼻尾 ng 结束全音。外口形自始至终微开不变。

只有"鞥"是这个鼻韵母自成音节的形式，"耕、生、政"等音节中的韵母也是 eng，调号标在 e 上。

eng 组词训练如下：

乘胜 鹏程 逞能 登程 丰盛 铮铮

5. ing

训练提示：ing 动程自前高元音 i 开始。软腭先带着小舌向后咽壁挺起，关闭鼻腔通路，将口音 i 发足展开，然后将软腭和小舌放松垂下，打开鼻腔通路，舌尖抵住下齿背不动，舌面由前往后渐渐隆起，直至舌根与下垂的软腭在口腔的后中部接合成阻，完成对口腔的封闭后，使气流和音波在咽头直接上冲灌入鼻腔，从鼻孔泄出，以纯粹的不除阻的鼻尾 ng 结束全音。外口形自始至终微开不变。

"英、影、应"都是这个鼻韵母自成音节的形式，自成音节时，i 的前面要加上头母 y，写成 ying，"经、情、醒"等音节中的韵母也是 ing，调号标在 i 上。

发音提示：不能将 ing 看成 i+eng，中间不存在 e，由 i 直接到 ng。在 ing 中，i 是韵腹，ng 是韵尾。

ing 组词训练如下：

冰凌 并行 秉性 精明 伶仃

6. ueng

训练提示：ueng 发音动程自后高元音 u 开始。基本上等于在 eng 的前面加上一段由 u 到 e 的舌位动程。将软腭和小舌向后咽壁挺起，关闭鼻腔通路，先发又轻又短的后高元音 u，随着动程的行进，舌位前降，口形渐开，紧接着引渡到央 e 上来，待央 e 发足发好后，软腭和小舌放松垂下，打开鼻腔的通路。与此同时，舌根部主动向上抬起与放下来的软腭在口腔的后上方接合成阻，气流和音波径直上冲灌入鼻腔，从鼻孔泄出，以纯粹的、不除阻的鼻尾 ng 结束全音。外口形由合口到微开。

"嗡、翁、瓮"都是这个鼻韵母自成音节的形式，自成音节时，u 要改写成头母 w，如"翁"（wēng），调号标在 e 上。

发音提示：ueng 只能自成音节，不能与任何声母直接组拼。如果要拼，必须将它换成另一个鼻韵母 ong。

在 ueng 中，u 实际上只是个"半元音"性质的头母，这个换写成的 w 代司声母的职能，e 是韵腹，ng 是韵尾。

ueng 的发音要注意不要将 u（w）发成唇齿音 v。

7. ong

训练提示：ong 发音动程自后高元音 u 开始。先将软腭和小舌向后咽壁挺起，关闭鼻腔通路，发足发好纯口音 u。随着发音动程的行进，软腭和小舌迅速放松垂下，打开鼻腔，使舌根继续主动上抬，直到与垂下的软腭在口腔的后上方接合成阻，完成对口腔通路的封锁。气流和音波到达咽头后径直上冲灌入鼻腔，从鼻孔泄出，以纯粹的、不除阻的鼻尾 ng 结束全音。口形先大后小，外面的变化不明显，主要是内口腔的舌根和软腭的动作。

"东、红、中"等音节中的韵母都是这个鼻韵母 ong，调号标在 o 上。

发音提示：ong 不能自成音节，只能作韵母前拼声母。o 是韵腹，ng 是韵尾。

ong 中的 o 实际发音应是 [u]。拼音形式不用 u 而用 o，这主要是为了增加 o 的使用频率。发音时，绝对不能按照 o 的舌位和口型。[u] 的舌位比单元音的 u 还稍稍低一点，口形略开些，几乎是介于 o 与 u 之间的一个音。

与 ong 相似可以自成音节的是 ueng。在过去的注音字母中，ueng 和 ong 的标音方法是一样的。从汉语语音史和现代一些方言来看，二者本是一个韵母，不论是前拼声母的还是自成音节的，在不少方言中都是同样的一个复合音。《汉语拼音方案》将它分别表示为 ueng 和 ong，基本上与北京语音的实际情况相符。ong 表示与声母相拼时的状态，ueng 表示单独的发音形式。

ong 组词训练如下：

工种 公众 中农 中东 松动 总统

8. iong

训练提示：iong 发音动程自前高元音 i 开始。基本上等于在 ong 的前面加上一段由 i 到 o 的舌位动程。先将软腭和小舌向后咽壁挺起，关闭鼻腔通路，舌尖抵住下齿背，发又轻又短的 i。随着舌位动程的行进，舌高点向后降移，口形渐开，接发 o[u]。待 o 发足展开后，软腭和小舌迅速垂下，打开鼻腔通路，舌根部继续主动抬高与下垂的软腭在口腔的后上方接合成阻，完成对口腔通路的封闭，气流和音波到达咽头后径直上冲灌入鼻腔，从鼻孔泄出，以纯粹的、不除阻的鼻尾 ng 结束全音。

"拥、永、用"都是这个鼻韵母自成音节的形式，自成音节时，i 要改写成头母 y，"汹、穷、炯"等音节中的韵母也是 iong，调号标在 o 上。

凡 iong 韵的字都属于撮口呼。有的语音教材把其中的 i 和 o 合并起来描写为 ü[y]，iong 的实际发音就成了 [yng]。这也代表了汉语语音学界的一种观点。

iong 组词训练如下：

用功 中庸 重用 中用

第三节　声调训练

在实际运用中，读调准或走形有以下两种表现：一是不知道某个汉字的声调，进而影响一系列汉字的误读。应从弄清本方言的声调类型和调值入手，将其与普通话比较，找出对应关系，依此类推，从而掌握大致的规律。个别字音需借助工具书查读，另外还需注意变调。二是知道某个汉字在普通话里的声调，却因方言里没有那么高的调值或调值变化幅度没那么大而读不准。这就需要在教师的指导下用夸张的方法训练。在声调学习中，从知道该怎样读到能够读得准、读得好，途径只有一条：勤学苦练。

声调训练可采用单音节声调的练习和多种组合方式的多音节练习。声调的练习应结合气息、声带、共鸣的控制同步进行。有句顺口溜儿，"第一声，起音高平莫低昂，气势平匀不紧张；第二声，从中起音向上扬，用气弱起逐渐强；第三声，上声先降转上挑，降时气稳扬时强；第四声，高起直送向低唱，强起到弱要通畅"，基本反映了声调与气息的关系。

对声调控制不当，容易在上声和去声音节上出问题。比如上声，下行下不去，上行上不来，多是气息和声带的调节配合未能与调值的上下行同步所致，弯儿没拐就直奔 4 度而去，结果如同直上调一般。正确的方法是在下行时放松声带，转上挑时再将其扯紧，同时小腹一收、气息一顶，声音仿佛在同一直径的管中流动，任凭高度怎样变化，宽度始终如一。去声作重音音节处理时发生的"劈"音现象，也是由于气息的放松到了失控的地步，使声带配合不及的缘故。去声字音的气息虽然总体上呈下滑放松的态势，但下来时要"托"着点。

利用四声的练习，尤其夸张的上声练习，对于体会气息的运动和声带的配合是个好办法，阴平、阳平的音势平而柔，上声音势立而强，去声音势清而远。总之，声调的发音合度是语言标准的一个重要方面。

四声练习：

天然宝藏　心明眼亮　千锤百炼　加强保卫

光明磊落　积极努力　山清水秀　兵强马壮

精诚所至　稀奇古怪　身强体壮　生活改善

声调不只是音节内部的问题，一个音节的声调与前后音节的连接有密切关联。

独立地进行声调训练是必要而且有效的，在此基础上还应关注音节组成词语后的不同状态。词调是字调和句调勾连的中间环节，很多人在句调表达上不够精密和流利，大概就是出于这个原因。下面的两字、三字、四字词及短语练习，目的是将声调融进具体的语流中，在基础训练阶段就寻找和构筑词和短语内部的整体、紧致和流畅，为其后句子的表达做好准备，从而改变目前重声调、轻句调、更轻词调的状况。

有一个口诀可以归纳四声的特点，可供练习时参考：阴平高高一路平，阳平起音往上升，上声先降后扬起，去声由高降低声。歌唱中的声调表现虽然与语言中的声调表现有所不同，而在发音辨正中还需要逐步准确掌握其中的变化关系，以期能够使声调发挥抒情达意的作用。

第一，同类声调练习。

阴平：妈妈 中坚 参观 工资 乡村 飞机

阳平：平原 完全 团结 和平 农民 人民

上声：讲演 选举 领导 打倒 减少 粉笔

去声：胜利 快乐 创造 宿舍 进步 互助

第二，对比声调练习。

及早—急躁 优等—油灯 通知—统治 礼貌—狸猫

伙计—活计 管理—官吏 练习—联系 秃子—兔子

时间—实践—事件 支援—志愿—职员

指示—致使—知识 政治—正直—争执

第三，绕口令练习。

黄猫毛短戴长毛帽，花猫毛长戴短毛帽，不知短毛猫的长毛帽比长毛猫的短毛帽好，还是长毛猫的短毛帽比短毛猫的长毛帽好。

小石与小史，两人来争执。小石说"正直"应该读"政治"，小史说"整治"应该念"整技"。两人争得面红耳赤，谁也没有读准"正直""整治""政治""整技"。

第四章 播音主持发声艺术的训练

本章为播音主持发声艺术的训练，论述了呼吸控制训练、口腔控制训练、喉部控制训练、共鸣控制训练、声音弹性训练五个方面的内容，让读者对播音主持发声艺术的训练知识有了初步了解。

第一节 呼吸控制训练

呼吸控制训练与其说是一种方法，不如说是一个渐成的口语实践过程。理论学习需要一定的时间，技巧的习得和正确状态的巩固更需要一段相当长时间的训练。一种新习惯的养成不是一朝一夕的，需要在同旧习惯不断撞击、冲突、抉择中渐渐地生长和巩固起来。

纯呼吸控制训练，是呼吸控制训练的最初阶段。这种训练有助于学生明确什么是正确的呼吸方法，怎样让呼吸器官适应表达的需要。一开始就结合片段训练也不是不可以，但在尚未摸索到正确的呼吸状态前，大多数人往往容易沿袭自己已有的习惯——自然状态的呼吸方法发声，注意力多容易集中于声音和语言片段上。这对建立新的呼吸机制来说弊大于利。纯呼吸练习虽然乏味，却是整个呼吸控制中所必经的第一个环节。呼吸训练的具体要求：吸气时要吸得多、吸得快，呼气时要呼得省、呼得匀、呼得慢。呼吸肌的力量达不到规定要求就无法获得正确的呼吸控制状态。经常跑跑步、做做操，游泳、打太极拳等体育锻炼对呼吸肌肉群力量的增长都是有益的，尤其仰卧起坐的练习对增强腹部肌力更为有效。

一、纯呼吸控制训练

（一）慢吸慢呼

静坐 3 秒钟；口鼻同时进气，轻松自如地将气息吸入肺底；控制 2 秒钟后再将气息从容地呼出口外。然后做以下练习：

第一步 5 秒钟吸气，10 秒钟呼气。重复 4 次。

第二步 5 秒钟吸气，15 秒钟呼气。重复 4 次。

第三步 5 秒钟吸气，20 秒钟呼气。重复 4 次。

第四步 5 秒钟吸气，25 秒钟呼气。重复 4 次。

第五步 5 秒钟吸气，30 秒钟呼气。重复 4 次。

训练提示：做以上练习时须牢记要领，深吸长呼，充分感觉、体验气息的双向运动状态和"丹田"的控制力。

（二）慢吸快呼

静坐 3 秒钟；用 5 秒钟吸气；控制 1～2 秒，体会似箭在弦上、引而不发的感觉，然后分别用 3 秒、2 秒、1 秒钟将气呼出。各重复 4 次。

（三）快吸快呼

静坐 3 秒钟；用 1 秒钟将气吸好；控制 1～2 秒，然后快速地将气呼出。各重复 4 次。

（四）快吸慢呼

这是呼吸训练中最常见、最实用的方法，必须加大训练的强度和难度。静坐 3 秒钟；用 1 秒钟快速地将气吸入；控制 2 秒钟，然后分别用 15 秒、20 秒、25 秒、30 秒、35 秒、40 秒的时间将气呼出。各重复 4 次。

二、"闻花"训练

吸气训练中常借用"闻花"这一动作来体验气息的深入、自然、柔和。一股花香飘来，"闻"到后自然就会"兴奋从容两肋开"了。"闻花"要真"闻"，先产生愉悦的感觉，再将花的全部精髓都吸入肺中。除了"闻花"，还可以"闻"苹果、香蕉一类的东西。

三、吹灰训练

这是呼气的练习。想想桌面上落满灰尘，要把它们"吹"下去又不致使尘土飞扬，就得用较轻缓、均匀、有控制的气息去吹。如果用强有力的气猛地一吹，灰自然是可以吹掉的，但却不是呼吸训练所要求的。除了"吹灰"还可以"吹"小空瓶儿、钢笔帽儿一类的东西，力争将其"吹"响并延长时值。

四、半打哈欠训练

平时人在打哈欠时胸部和喉头都是完全松弛的，嘴张得很大。这里的"半打哈欠"要求只将嘴张得半大，进气最后一刻的感觉与运用胸腹联合呼吸法吸气最后一刻的感觉相似。

五、抬重物的感觉训练

"抬重物"的动作感觉与"倒拔垂杨柳"差不多，都必须把气吸得很深，憋着一股劲儿。后腰膨胀，腰带渐紧才不至于将腰肌拉伤。此时腰、腹部的感觉与胸腹联合呼吸法吸气时最后一刻的感觉相似。但这只是一种相似的体验，还代替不了吸气的专项训练，做"抬重物"训练的目的只是在于寻找并培养吸气最后一刻的感觉。

六、单纯音的呼吸训练

有了纯呼吸练习的基础，可快速将气吸好，控制1～2秒，然后分别做如下训练：

第一步 si（丝）—20、25、30、35、40秒各一次。

第二步 yi（衣）—20、25、30、35、40秒各一次。

第三步 wu（乌）—20、25、30、35、40秒各一次。

第四步 yu（吁）—20、25、30、35、40秒各一次。

第五步 a（啊）—20、25、30、35、40秒各一次。

第六步以 m 为素材的哼鸣训练—20、25、30、35、40秒各一次。

训练提示：做这类单纯音的呼吸练习，要求气息均匀而舒缓地自口鼻流出，呼气的时限应当逐渐延长。元音 a 的发音，口腔不易控制，气息流失会多一些，时间标量可酌减。

七、横膈肌弹发训练

横膈肌的上下运动直接关系到胸腔容积扩张的程度。锻炼横膈肌是呼吸训练中的又一重要环节。

膈肌锻炼最有效的方式就是"狗喘气"练习法。不过这种喘气法绝非真的像狗那样张着大嘴喘气，而是将嘴闭上，用鼻孔喘气。从生理学上讲，鼻腔黏膜有丰富的血液循环，并有黏膜腺分泌黏液，吸入的气息经过鼻甲组织时温度升高并混入部分水分，既较为温暖又保持了一定的湿润度。这种人工改良了的鼻式喘气法有润喉作用，符合生理卫生，而用口喘气首先会引起舌面和口腔的干燥，使外部的冷空气直接刺激声带，降低声带的湿润度，在一定程度上会影响或降低声音的质量。

第一阶段的训练是无声的。吸好气后，用小腹的力量去怂恿、强迫横膈肌上下运动。需注意，这种强迫的力量仅仅是小腹肌肉的联动收缩，既不是小肚子单纯的一鼓一瘪，也不是整个大肚子的收缩鼓胀，更不是箍紧喉头用喉肌控气。训练伊始由于腹肌控制的感觉尚未建立，可用手按住小腹，外部施以有节律的按压，这样容易感觉到小腹和大腹临界处膈肌的上下活动。小腹要"站定"，即使要动也只能随大腹的瘪胀有限度地弹动。

第二阶段是改良后的"狗喘气"发声训练：

口腔自然展开，将舌面降到最低点，呈"a"的作形，放松喉头，让膈肌向上运动形成的气息一下一下地冲击声带，一声一声地发音。这种训练容易出现的问题是膈肌不会动，只控紧喉头发声，上下不接，使锻炼膈肌的意义落空。

发"嘿"（hei）音。要求与发"a"同，只是在这种短促的发声中，hei 音节中几个音素的承转变化比正常的 hei 音节的发音要短些，口腔作形固定后几乎是不动的。这种横膈肌训练做好了，发一连串的笑声才会有"支点"的感觉。

发"哈"（ha）音，要求与发"嘿"同。

用小腹控制横膈肌弹动做"喊操"训练，如："一二、二三二三四、一二三四、一二三四……"。

八、数"数儿"训练

数"数儿"的素材既可以自创，也可以变通。提供几例供参考：

以秒为单位，每秒钟数一个数儿，从"一"开始数起。男声应数满 30 个，女声也不能少于 20 个。吐字要清晰，字音感觉要一致，气息要流贯，中间最好不换气。

训练提示：

第一，从自然音高数起，即从自我感觉最舒服的状态开始，数出的字音要稳劲、有力度。数到一定程度则止，切忌数得面红颈粗、躬腰弯背。气息既已耗尽仍勉为其难，对气息的锻炼无益。

第二，数目应逐渐增加。初学的人能响亮有力地数到 40 个数的不多，在男声达到了 25 个左右、女声达到了 20 个左右的时候，再提高 1 到 2 个数，就这样每次两个数两个数地往上提最为有效。在某个阶段尚未巩固之前，不可急于提高，否则会影响声音的宽度，气息也不易巩固。

第三，数"数儿"的速度由慢及快。慢数是为了锻炼呼气与声音配合的稳定性，在慢数能达到 30 个数后才可提速，用同样的时间数出加倍的数字并仍保持字音的清晰度不是一日之功，不能因为速度的加快而导致字音的拖泥带水、含混不清。例如：

12123+1234+12345 → 123456 → 1234567 → 12345678 → 87 → 876 → 8765 → 876548 76543876543287654321（一口气数完）

九、喊人训练

假设远处有个熟人，用发音响亮的音节组成该人的名字，如"老张""小兰""阿毛"等，试图喊住他。站在山顶，面对空寂的山谷做这种练习，回声可以帮助人们找到这种感觉。

十、"声铺地"训练

选取一些沉郁、苍劲、辽阔、伤感、幽怨的古诗词片段放声朗诵，感觉声音不是在往上送，而是往下走，铺满脚下的大地，借此来体会腹部肌肉的控制能力。

如：在明月高悬的静夜抒发思怀故乡情感的李白的《静夜思》：

床前明月光，疑是地上霜。

举头望明月，低头思故乡。

如：表现古代戍边保国将士爱国抗敌精神的王昌龄的《出塞》：

秦时明月汉时关，万里长征人未还。

但使龙城飞将在，不教胡马度阴山。

如：表现维护天下统一壮怀豪迈之情的刘邦的《大风歌》：

大风起兮云飞扬，威加海内兮归故乡，安得猛士兮守四方。

十一、绕音训练

利用 21 个声母与元音 a、o、e、i、u 构成的音节结合气息控制做声调绕音训练。

对以上呼吸控制训练的方法做以下说明：

纯呼吸控制训练，是一切有声呼吸控制的基础。切实从思想上给予高度重视，并落实到艰苦、长期的训练过程中。

在慢吸慢呼、慢吸快呼、快吸快呼、快吸慢呼四种训练方法中，慢吸慢呼最容易有效体会胸腹联合呼吸的要领及真谛，如何坚持以情运气、情动气行；气息如何下沉和外行；膈肌如何降升；胸腔容积如何立体扩张和压缩；小腹肌肉如何收紧并控制；如何体验双向气流运动；如何开源节流、厚积薄发；呼吸如何体现出"流动感"，一气呵成等，都需要首先在此方法的训练中逐渐摸索和创建。离开慢吸慢呼，后三种方法都会表现出根基的缺失，不是摇晃就是虚飘。慢吸快呼和快吸快呼的训练，是第二层级的技巧，在有声语言的表达中，适用于某些特定的语句和语态，也是必须训练的。

快吸慢呼是呼吸训练中最常见、最实用的方法，必须加大训练的强度和难度，吸好气后，必须控制几秒钟，然后再从容地将气息有节奏地呼出。15 秒、20 秒、25 秒、30 秒、35 秒、40 秒的时间要求只是阶段性的一般原则，可根据情况自行安排数量的多少及强度的大小，快吸慢呼能力的养成和巩固应延续到今后相当长的一段时间，即便是进入数"数儿"、数"葫芦"或数"枣儿"等环节，也要利用一定时间巩固和强化。

"si""yi""yu""a"音的训练及以 m 为素材的哼鸣训练基本上沿袭了单纯呼吸控制训练的模态，只不过是由无声状态进入到有声状态，与实际发声更贴近了，更有实效性了。其学习的热情和兴趣也会随之提高。

在以往的数"数儿"训练中，形式大多仅是从"1"数到"20"或更多，虽然有效但略显死板和枯燥。而变换花样儿的数"数儿"训练使得训练的内容和质量得到扩张和充实，单项及组合形态的变换运用在艺术性上也得到丰富和提升，训练也就更加富有成效，可根据需要挑选部分段子施训，但组合训练是不可或缺的。练"气"是很耗力的，只有经过艰苦的训练，今后进入稿件播读阶段才不会吃力。

接受此类训练开始可能在节奏上掌控得不如意，一是找不到基本节奏，忽快忽慢、忽高忽低，声音忽大忽小、忽强忽弱，需要在平时说话的感觉上稍加力度。开始训练时，不要求换气，一口气能数多少就数多少，在建立起感觉后再逐渐加大数量。训练中，必须"数清楚"，"好"的标准首先以发音清晰准确为基础，而不是数得越多越有本事，因为此项训练的主要目的是气息在有声语言表达中的控制，而不是单纯地练嘴皮子。有的想数清楚些，想数得多些，只是在稍快节奏的语言行进过程中苦于嘴上功夫不够，"叼"不住字音，字词好不容易"倒饬"过来了，又无法兼顾速度和数量。这个问题是此项训练中必经的过程，一段时间后，心理、生理方面都适应了训练的强度和难度，这个问题就会自然而然地解决了。要坚持的是，不能一味地追求速度而牺牲掉字词的准确和表达的清晰度。这些气息控制训练的段子，从形式上看，已经接触了语言表达的内容，所以数起来在节奏和感觉上要有变化。同样一个段子，可安排由中速稳稳当当地数起，然后做一些慢快慢弱强弱虚实虚、快慢快强弱强实虚实、慢快慢较弱强弱强虚实、快慢快慢强弱强弱实虚实虚的变换训练。防止将段子数得单一和僵化。

结合阴阳上去四个声调进行的绕音训练，目的是寻找语流行走过程中的字调在气息控制下的感觉，是对气息控制训练内容的拓展和扩张，将音程做满、做足。

第二节　口腔控制训练

一、吐字归音

"吐字归音"是指汉语音节（汉字）的"出字"和"收音"的技巧。它源于传统戏曲、相声、单弦、大鼓词等说唱艺术。前辈演员长期的发声实践证明：吐字归音技巧的应用可以大大提高语言的艺术性，收到字正腔圆、光彩照人的美学效果，沿用至今仍可以作为语言艺术工作者字音训练不可或缺的手段之一。

（一）语言发声对吐字的基本要求

"字正腔圆"，这是人们衡量语言艺术工作者吐字发声的最基本的标准。所谓"字正"应当包括字准、字真、字纯三个方面。"腔圆"指的是声音运用得集中、圆润、灵活、自如。具体可以概括为准确、清晰、集中、圆润、流畅。

1. 准确

准确是"说"的艺术语言的最低标准，或者说是入门标准，是必须做到的。准确就是按照标准的汉语普通话语音规律约束、匡正自己的吐字归音。字准，要求对字音的组成部分有比较详细的了解，并能准确发音。音素要准，字调也要准。

2. 清晰

清晰即"字真"，这是言语发声的又一必备条件。优秀的语言艺术家，音质不一定十分动听，但吐字必定是十分清楚、丝丝入扣的。反过来，无论声音多么漂亮动听，倘若口齿不清，那决然称不上是什么"艺术"。

3. 集中

声音集中了才能圆润，才能颗粒殷实，才容易获得较为丰富的泛音共鸣，才悦耳、动听。许多艺术语言都是通过话筒及一系列电声设备发射出去的。无论在话筒前播音主持、解说还是配音，都无须用过大的音量，较小较自然的音量有时同样可以收到极佳的效果，甚至比大音量的表达效果还好。这种弱控制的发音没有集中的声束做保证，没有"珠走玉盘"的语言功力，是不可能实现的。

4. 圆润

圆润，是指在一个字的发声过程中，头、腹、尾之间过渡、衔接时所表现出的自如性和润滑度，是在头、腹、尾合理布局的基础上音响共鸣的要求。标准是甜、脆、圆、润、水。

5. 流畅

语言的流畅性是一切艺术语言都必须讲究的。忽视了语言的流贯畅达，仅仅将力量放在某一个音节上，只知道"绷"字，将字音咬得过死，就会给人以明显的雕琢痕迹，使得语言垒块斑斑、艰涩难行。

总的说来，吐字归音的最高境界应该是：颗粒饱满，光泽晶莹，轻快连贯，如珠如流，字字皆入听者之耳，字字滋润听者之心，说者轻松自如，听者愉悦欣然。

（二）吐字归音的训练

"吐字有力，归音到位"是吐字归音的基本要求。要做到这一点，必须对汉语音节有正确的认识，真正弄清普通话音节的声母、韵母和字头、字腹、字尾之间的关系。

当代语言学家根据音节结构这样来划定汉字的头、腹、尾的位置和性质：字头＝声母＋韵头（介音），字腹＝韵腹（主要元音），字尾＝韵尾（尾音），而不是声母＝字头，字腹＝韵母。

在吐字过程中，对于字头、字腹、字尾的处理可分别概括为"出字""立字""收字"六个字。

1. 出字——字头叨住弹出

对字头的处理讲究的是部位准确，弹发有力。"字头"是一个汉字的始发阶段，利用这一阶段的力量带动字腹和字尾的响度，才能使整个字音打得响、传得远。传统曲艺十分讲究"喷口"的功夫，就是指出字的功夫。

汉语音韵学家把介音归于韵母的一部分，称作"韵头"；戏曲家将介音放在"字头"里处理，"声""介"结合成"字头"。从介音的实际发音状态和它对前后音素的影响来看，介音与声母的结合远比与"韵母"的结合密切得多。因此，把它放在"字头"里处理，使之与声母结合成一个整体，更加符合实际发音时的情况。介音的性质影响到它前面声母唇形的变化，口腔容积也会随之改变。

对字头处理的基本要求是叨住弹出。叨住，是指声母的成阻与持阻阶段，也就是"咬字"的阶段。首先，叨字必须有一定的力度。成阻时，有关部位的肌肉相当紧张，阻气要有力，要超过生活语言的发声强度。其次，叨字的力量要集中在有关部位的中纵部，而不是满口用力。再次，声母的唇形要合适，特别是"齐、合、撮"三呼，开口度小，如果不配以相应宽度的唇形就很难"叨"得住。最后，要叨得巧而不死，过紧则僵，过松则泄。打个比方：咬字如同大猫叨小猫那样，既不能将小猫咬伤，也不能将小猫掉在地上。

所谓"弹出"，指声母的除阻阶段，也叫"吐字"阶段。它的含义应当是：

轻捷有力，如同弹丸弹出，不粘不滞，不拖不疲，不使拙劲。只有叼得住，才能弹得出，"叼"是"弹"的准备，"弹"是"叼"的延续。

字头的长短视其性质而定，塞音字头感觉最明显，也最短，擦音最长。尽管这样，字头都不能拖得过长，如果把"腔儿"使在字头上，就会破坏吐字的力量和字音的完整性。字头的长度最多只能约占整个字音长度的四分之一。京剧里有的拖腔把字头处理得过长，几乎占到整个字音的一半，语言发声要是也这样就离生活太远了。京剧里有重腔轻字的倾向，而艺术语言必须以字为主。

2. 立字——字腹拉开立起

字腹，又称"韵腹"或"主要元音"，是汉语音节的核心部分，也是一个音节中最响亮、最富有色彩的部分。韵腹是音节中必不可少的成分。汉语普通话的10个单元音都可以做字腹，用得最多的是a、o、e、i、u、ü、-i[前]、-i[后]。字腹运用的好坏不仅关系到字音的响亮与否，同时也对字音的清晰与否有直接的影响。

字腹的拉开立起可使声腔扩大，保证声音的响度。在追求声音响度的同时，还应注意防止"音包字"现象。因为语言毕竟有别于音乐或戏曲，它是以字音清楚、表义准确为第一前提的，在保证字音清晰、准确的前提下寻找丰富语言音乐性的途径才合乎艺术性语言的标准。字腹又是音节中所占时值最长的一段，在行腔使调过程中它的长度必须占到整个音节音值的一半左右，拉长字头或字尾都有碍于字音的准确度。

"拉开"与"立起"是一个动作的两个阶段，也是字音展开的过程。"拉"的过程容易体会，有音素动程的感觉，而"立"的感觉却不那么容易捕捉到。"拉"是个横向的音素过渡，在字头轻捷地弹出之后，口腔（牙关）随字腹的到来扯起适当的开度，再配以声束向前硬腭流动冲击，感觉字腹随上腭的提起而朝纵的方向一挺，挂在口腔的前腭。为了取得清晰的音色和丰富的泛音共鸣，口腔的开度必须略大于生活语言的口腔状态，否则，字腹既拉不开也立不起来。

3. 收字——字尾到位弱收

普通话里的字尾，包括元音尾（以i或u收尾的）和辅音尾（以n或ng收尾的）两种。写文章讲龙头凤尾，一个音节要是头重脚轻也站不稳当，况且字尾还有区别词义的功能，如果丢失了这一段尾巴就会引起整个字音的倾斜和走样儿。

发音最容易犯的毛病之一是不归音或归音不到位，形成欠缺的"半拉子"字。

不论元音尾还是辅音尾，其音值的长度都因声调的不同而有差别。一般来讲，阴平字和去声字的字尾比较短些，阳平字和上声字的字尾相对长些。发上声字时要尽量将字腹延长，将字尾缩短。在上升的时候，三分之二的时段都应保持在字腹的口腔开度上，待字腹的口腔状态延续转折以后再向字尾过渡。阳平字在口腔状态到达阳平字应有的高度4度到5度之间时再归到字尾的位置。

总之，字头、字腹、字尾是字音的三个组成部分，共同构成一个字音不可分割、有机联系的整体，其中的任何一部分运作不当都有可能影响整个字音的成色。所以，在吐字归音的训练时必须建立起这三个部分之间的有机联系，合理布局，从字头滑到字腹再滑到字尾，形成"枣核儿"形的整体。虽然头、腹、尾之间是滑动过渡的，中间没有间歇，但是每个部分的特征必须表现清楚，只有这样才能进入"字如珠玑"的境地。

（三）吐字归音的规范——枣核儿形

"枣核儿"形是说唱艺人对吐字过程形象化的描述。根据汉语的结构特点，各种形式的民间说唱艺术都要求一个音节的发音过程有头有尾，即头、腹、尾三者俱全，形成一个完整的形状，以求得"字润珠圆"的发声效果。它以叼住弹出的字头为一端，以到位弱收的字尾为另一端，以拉开立起的字腹为核心，将三者接合起来正好成为一个两头小、中间大的"枣核儿"形状。它涉及音节各部分口腔的开合度及所占时值的长短。

"枣核儿"形充分体现了字音清晰圆润、颗粒饱满的特点。"枣核儿"形，必须得到气息的支撑。也就是说，吐字时嘴里有充满气息的感觉，字音才能结实、有光泽。否则，嘴虽然张开了，缺乏气息的支持，字音也不会饱满圆润。这里"字头取气"起着关键的作用。

"枣核儿"形是吐字归音的基本模式，是发音规范化的必须过程。但是语言是行进的、流动的，不可能要求每个字音的发出都个个如"核儿"。艺术语言的特点是一板多字，很少一字一板，更没有一字多板的拖腔使调。音节疏密相间、轻重缓急是构成语言节奏的重要内容。一个音节的发音时间仅仅是三分之一秒，甚至更短，加上情感表达的需要，做到字字如"核儿"也是不现实的。较重较长的音节"枣核儿"形可能表现得充分一些，较轻较短音节的完整性肯定会差一点。

一般来讲，昂扬庄重的内容往往要求吐字颗粒饱满、收束麻利干净；柔和抒情的内容则可以把"枣核儿"形拉长抻扁，有时甚至可以"余音袅袅，不绝如缕"。个中变化细致入微，口中须有功夫才能控制得当。

总之，"枣核儿"形在单字训练阶段是一种积极有效的手段。在语句表达时，倘若仍旧板板眼眼、字字如核儿，又会产生副作用，助长"一字一板"的拖腔使调，必须根据内容、形式、对象等的不同要求灵活运用，不能机械地套用。

（四）吐字的综合感觉

吐字的综合感觉可以用"拢""弹""滑""挂""流"五个字表述。

"拢"指发音有关部位的着力点向整个口腔中部聚拢，字音集中、有力。

"弹"指字从口中吐出时，灵活轻捷、富于弹性。

"滑"指吐字过程中音素过度要有滑动感，主要体现在唇和舌上。

"挂"指字音要"挂"在硬腭的前部。

"流"指字音沿着口腔的中纵线向前行进时要有流动的感觉。

向前流动的声束，受口腔的节制形成言语声的"链"。每个字音都是呈流线型向前放射流动的，在其放射流动过程中形成"珠"，"挂"在硬腭前部，"弹"出口外，汩汩不绝，仿佛一串语"珠"的溪流，晶莹、跃动，充满生命力和表现力。

二、口部操

（一）唇的基础训练

1. 撮唇

口小开，在提起颧肌的前提下，双唇沿上下齿向中间部位撮起，撮到圆唇状态为止，再展开，反复练习。这是唇的基本练习。

2. 合口噘唇

外口腔闭合，牙关打开，使合拢的双唇分别向上、向下、向左、向右运作，再反方向运作，反复练习。注意双唇的方向性和棱角感。

3. 转唇

在合口噘唇的基础上，双唇沿着上左下右方向运作，即左转360度，然后再反方向转动，右转 360 度，交替进行，反复练习。

4. 裹响

先将双唇闭合内收，上下齿嵌入唇内，然后利用内裹和口腔突然打开迸发的力量将双唇打开，反复练习。

5. 弹唇

吸好气后，在均匀稳劲的气息支撑下，使双唇快速地均衡颤动，分无声的、有声的两种。有声的可做绕声的训练，幅度应小，力度要适中。

6. b 本音

闭口提颧，上唇向中间收缩，力量集中在上唇中央三分之一段，反复地利用气息和双唇的力量将不带元音的 b 本音发出，发音时能感觉到清晰的双唇爆破声响。

7. ba 音

面壁站立，状态基本同 6。意念中仿佛墙上对着口腔的地方有一小窝儿，发带元音的 ba；再想象每个 ba 音又如同一个个小球，把它从口中喷弹到小窝儿里，以意念带动声音的集中，反复练习。

（二）舌的基础训练

1. 顶腮

口腔闭合，牙关打开，舌体分别向左、向右用力伸顶，用舌尖的力量向外顶左右内颊，即腮帮子，直到舌身下面的舌系带被抻疼为止。外观能明显地发现一小圆包，左、右交替，反复练习。

2. 刮舌

舌尖抵住下齿背，上齿下缘接触舌叶，舌前部逐渐向前下方挺起，上齿缓缓沿着舌的中纵线向后"刮"，口腔好似被撑开，直到极限为止，反复练习。这是舌的收拢上挺力的主要练习。

3. 伸卷

用力将舌体伸出口外，到达极限时，使舌尖用力向上回卷，最好能与"人中"穴相触，反复练习。

4. 立舌

舌在口内由水平状态翻动 90 度，使左边缘向上立起，然后再向回翻动 180

度，使右边缘向上立起，反复练习。

5. 转舌

将舌前端置于齿外唇内，舌尖依次沿着上左下右的方向转动，然后逆向回转，直至舌根酸疲，反复练习。这种方法又叫"围口转"，对于训练舌肌的力量很有效。

6. 弹舌

口微开，舌尖处在与上齿龈接触的状态，用持续稳劲的气息推动舌尖做快速的弹动。在做这种训练有了一定基础后，可带动双唇同时弹动，反复练习。

7. d 本音

利用气息的配合，用舌尖的力量把上齿龈打响，反复练习。同双唇 b 本音一样，应注意运用"塞音"的爆发力。

8. da 音

方法同双唇 ba 音的练习，反复练习。注意气息和节奏的控制。

9. g 本音

这是一种训练舌根的方法。用舌根抵住软腭阻住气流，然后突然放开，爆破成声，反复练习，也可发成 ga 或 ge 音。

（三）牙关打开训练

咀嚼状态：闭、张口各 20 次，30 秒。

半打哈欠状态：5 次，10 秒。

口型成"啃苹果"状态。

（四）面部肌肉放松整理

搓脸：10 秒。

转颈：10 次，10 秒。

松下巴：10 秒。

提颧肌：10 次，10 秒，手辅和自行交替进行。

鼓腮：双唇紧闭或用手捏住双唇，逐渐给口中加压充气，撑满。左右一起鼓撑，10 秒；左右腮变换鼓撑，10 秒。

裹腮：左右一起裹，10 秒；左右变换裹，10 秒。

（五）绕口令指导性接触

放开声音读绕口令，训练双唇的力量：八百标兵奔北坡，炮兵并排北边跑。炮兵怕把标兵碰，标兵怕碰炮兵炮。

放开声音读绕口令，训练舌尖的力量：调到敌岛打特盗，特盗太刁投短刀。挡推顶打短刀掉，踏盗得刀打倒盗。

放开声音读绕口令，训练舌根的力量：哥挎瓜筐过宽沟，赶快过沟看怪狗。光看怪狗瓜筐扣，瓜滚筐空哥怪狗。

第三节　喉部控制训练

喉头和声带，介于咽和气管之间，狭义地理解就是平常所说的"嗓子"。一个人音质的优劣尽管是各发音器官通力协作的结果，但与"嗓子"这个发声的代表性器官有着密切的关联。嗓子位于气管上端尽头处，自肺部呼出的气息只有上行到嗓子，形成供共鸣器官调制音色、音量，供咬字器官加工语音的"喉原音"，才算真正进入了发音阶段。

一、声带的保健

（一）声带运用中应注意的问题

声带是人体发声活动的核心环节，是声音赖以实现的功能性基础器官。它是振动体，是声源，离开了声带的震颤，任何语音都无从谈起，它的振动状况直接决定着声音质量的优劣。一个漂亮声音的发出，其声带一定是健康的、高质量的、控制良好的。反之，粗糙、沙哑的声音，其声带不可能是无病变、不失控的。

艺术语言是源于生活又高于生活的语言，这种特点要求一切艺术语言工作者必须具备一对高保真的声带。唯有对其高度重视、有效护养，才能永葆其艺术青春。为此，这里特提出几点声带运用中应注意的问题供参考。

1. 端正对声带的认识，依其客观条件科学地确定声音类型

声带的运动形式决定着音质的好坏及声音的高低、响度和音域的幅度。从生理解剖得到的结果看，声带外缘部分与喉壁相连，只有相互靠近的内缘部分（音、

气声门）能够自由地启闭开合。自肺部呼出气流的冲击使它振动起来，但这种振动不是声带全部、平均的振动，而是两条声带靠近内缘部分的振动更剧烈些，与喉壁粘连外缘部分的振动相对弱些。构肌和环构侧肌都有使声带靠拢的功能，声带靠拢时，加上本身具有的弹性，产生挡气作用，遏制了气息随意地通过声门闸。在它连续受到呼气的冲击进行周期性振动时，可以产生一种向上弯曲的牵张现象，气息的冲击力愈大，这种牵张力量就愈强，声带所发出的音调也就愈高。由此可见，增加声带的张力是获得高音的关键所在。声带绷不紧是发不出高音来的。当然，声带属于被动器官，单靠声带的紧张还不能完全决定声音的高低，还必须依靠全部喉肌的通力合作并在气息的有力把持下最终实现。应当明确这样一个简单的道理：音高的形成，声带肯定是拉紧或缩短了的。

声带的伸缩力和振动部位的改变还决定着一个人音域的宽窄。宽音域的声音往往都是声带的伸缩性大、带肌张力强造成的。日常谈话时，声音的运动幅度一般都在一个八度左右。为了适应各种艺术门类的专业性表达要求，一个八度显然不够，唱的艺术要求音域常在两个八度，话剧语言的音域在一个半八度上下，播音员主持人的音域最低也不能少于一个半八度，况且诗歌散文的朗诵、小说的播讲、广播剧的扮演、影视剧的配音还有语言造型的问题，与"对手"合作也还要"搭调"。音域不够就必然受到限制，理解了的东西不一定能全部表达出来。因此，即使是"说"的艺术也应当适当地展宽音域。为了拓展语言表现领域，十分有必要锻炼声带的伸缩力。

每个人的声带的长度、宽度、颜色和厚度都各不相同。这些生理特性为声音类型的确定提供了必要的物质条件。人们正是凭借声带的这些特征来确定自然声区的范围的。通常认为，声带天生短、窄、薄者大致属于高音类型，声带天生长、宽、厚者应属低音类型，这一点上出入不是很大。比如：播音员的声音应是"本色"播音，播音语言要求在自然声区发音，这样不但可使声带全部振动起来，气流的排出量也最小、最省力且发出的声音接近生活语言，"真"的成分多，且自然、结实、明亮，富于色彩，容易体现出声音的个性。

权威人士总结出这样一条规律：男性播音员的声音，最好是中音偏高，听起来刚亮、浑厚、有气势，其声带长度以 17～21 毫米最佳；女性播音员的声音最好是高一些，听起来热情、亲切、壮丽，其声带长度以 12～15 毫米为最佳。

　　对一个人的声音类型作鉴定并非易事，无法恪守一成不变的准则，每个人的声带本体条件不同，呼吸控制、共鸣运用、吐字归音技巧也有高下，加上五官相貌、体形、气质、性格等因素对声音或多或少有影响，定下结论就更应审慎一些。一个天生声带长、宽、厚的人所发的高音完全有可能不如一个天生声带短、窄、薄的人发中音时的绝对音值高。在确定声音类型时对声带只要有个基本的评估和划定即可，声音本质偏高的人应注意多练些中低音，加补点胸腔共鸣，使声音饱满、浑实起来；声音本质偏低可适当增加一点上部（头腔）共鸣，使其明亮、透彻一些。总之，要紧的是改善自己感觉最舒服的自然音区内声音的质量，倘若离开了自己的声带本质去追求力所不及的声音效果，结果只能适得其反。

　　2. 调控气息，以气托声，减缓声带的承受力

　　声带的运动是气息和喉部肌肉联合作用的结果。声带的本质原音微乎其微，人类声音的发出主要靠的是气流给予它的压力波。人要呼气、要发声，不论大小、轻重、缓急总会给声带一定的冲击或压力，这种外界的压强大些，声带就振动得快些、振动幅度就大些。在这种情况下，就不得不注意到问题的另一个方面，即声带的承受能力。声带只是两片极薄、极珍贵的薄膜性韧带组织，仿佛两条细细的"猴皮筋儿"，尽管它本身具有一定的弹性，但承受能力还是有限度的，用久了会疲劳，超出它的阈限会造成劳损。这就提出了一个如何合理、有节制地使用声带的问题。

　　经验证明，运用声带的上佳办法就是正确地运用气息，以"丹田气"为依托，用均衡、稳劲、有支点的呼吸来疏解声带的负担。有些人高音上不去就缩紧喉头、拉紧声带，扯着嗓子喊，把全部力量都集中于喉头和声带上，不承想，越是用力声音越窄，越是用力声音越横，结果事与愿违、恶性循环，陷入声带运用的误区。要想走出误区，唯一的途径就是学会调节气息，放松声带。

　　喉部控制与气息的配合应遵循这样四条原则：第一，呼出的气息（气柱）要形成一定密度，以便在声门下形成强度适当的压力。呼气量小，密度不够，声音是不会结实有力的。第二，根据表达需要灵活地控制气息的流量和流速。气息失控无序地外溢，喉部就必然靠缩紧来节制气流，这样势必造成嗓子的捏挤、僵硬、涩拙，喉部也极易疲劳，用这种状态发高强音时，喉部的负担更大。第三，有声

调的汉语中每个音节的高低升降都要求声带及气息压力作相应的调节。去声字容易使气息一泄无余，上声字的音变（半上调）容易泄气，因此念去声和上声字时应格外注意气息与喉部控制的平衡。第四，发音时，气息与声带在时间上要配合默契，气到声门闭，不允许有"时间差"。如果声门先闭，呼气晚一步到达，就会增大冲开声带所需的气息压力，引起喉头及咽部的紧张。"激起"时（发音动作的开始）费力且音直，这是由于发音动作迟缓、吸气方法不正确。若气流先到，声带晚一步并合，"激起"时不但音调欠准，还会产生显著的"漏气"现象，声音带"沙"，发音效率低下。由于发音"激起"时的状态对其后整个音节的发音起先导作用，因此，必须特别注意开始时音节激起音的气息与声带的协调与配合。

3. 解放喉头，给声带以宽松的活动余地

声带处于喉室中央，它的振动发声必然受到框罩在外面的喉头的限制。喉部的这些肌肉正常运动时可以带动声带自由活动，倘若将它们箍得过紧，彼此连动收缩，也有碍声带的正常发声。声音偏紧、偏尖往往就是这几组喉肌束得过紧的结果。任何事物都有一定的"度"，做十分努力，需有十二分的能量，也就是说要有"余份儿"。声带的活动余地完全取决于喉头的相对放松程度。相对放松喉部，声带自如地振动，才能自如地发出泛音丰富的乐音。放松喉部，用较小的气息使声带振动，可以大大改善声音质量，提高发声效率。

虽然声带和喉头的放松在某种程度上能够有效地改善声音形象，但这并不意味着要达到不可收拾的地步，我们的目的在于用放松喉头的努力来调节喉肌。过分地使声带松到了失去应有的张力是与我们的初衷相悖的。这里是针对一些发音者为了炫耀声音的厚度，刻意模仿某某名家的发音，一味地压低喉头，结果发出的声音生硬、艰涩、浑浊、呆滞，既无表现力，又缺乏美感的现象而言的。所以，作为一个职业发声者，要善于适度地给喉头"松绑"，喉头一要稳（亚稳定状态），二要松，三要主动调节。要学会用吸气时的感觉去放松喉头，努力给声带营造一个良好宽松的工作环境。

（二）声带的保健方法

声带是人类发声的本体，是一切职业发声者劳动的工具。人的声带只有一对，而且还是天生的，因此声带对于每个职业音声工作者是弥足珍贵的。但是在发声实践中众多的情况并不令人乐观，发声状态的错位和变形以及烟、酒、心情、睡眠诸因素的影响往往使得一部分人的声带发生充血、嘶哑、声带边缘不齐、闭合不良、肥厚、小结等肌肉组织病变。这就迫使我们必须设法掌握一套积极、科学、合理的保养声带的方法，做到练声、用声、养声三位一体的有机结合。

1. 正确发声

艺术语言工作者要高度珍惜和爱护自己的声带，用声时除了注意气息的调控外，还要讲究嘴皮子上的功夫，注意口唇力度和在巧劲上的打点。发声实践告诉我们，嘴上的功夫不到家，嗓子（声带）的负载必然加重，疲顿劳乏也就在所难免。嘴上无功还会降低胸腔内部气流的压力，声音非但含混污浊，长时间用声还会降低或衰减嗓音的持久力。所以说，正确发声、提高发声技巧当是保护嗓音的核心环节，也是积极预防发音器官疾病的有效方法之一。那些经验丰富、卓有成就的语言艺术家在嗓音方面大多不过中等天赋，他们那上乘的音色和对声音运用自如的功力主要仰仗的是日久天长的积淀和磨炼。

2. 心境愉悦

"七情六欲"，人之常情。人们由于个性的不同常常表现出用声方面的种种差异。有的人情绪激动时暴跳如雷，怒不可遏；有的人兴致来时狂呼乱叫，以喊为快；有的人悲恸时欲哭无泪，干声号啕；有的人骂起街来力竭声嘶，怒气冲天。这些生活中用声偏激的情况对职业音声工作者来说无疑都是大忌，过分的喜怒哀乐会直接影响嗓子的健康。所以，职业音声工作者应该加强德行修养，注意心理健康和嗓音卫生，做到不论任何情况都"临乱而不惑"，时刻保持稳定愉快的心境，以利于嗓音的长久。

3. 节制谈话

生活言语有无限的随意性。常见一些年轻人自恃精力充沛、习惯于旁若无人地高声笑谈、絮聒不休。个人所好本无可厚非，但长此以往也会引发喉肌的疲顿、声带闭合不良、声门漏气或嗓音沙哑等失常现象，既然职业需要用声，那么平时的交谈就理应自觉节制，不可滥用。留意观察保护嗓音有方之人不难发现，他们生活中的言语总是松弛、轻盈的，低声低语的，并无显山露水之处，一旦到了该派上用场的时候则以浑厚、洪亮、润泽、美畅的声音夺人心魄。两种环境形成了两套迥然不同的发声方法和用声效果，这对嗓音的休养和调适是有益的。生活言语有节制，工作时也应有所控制，以免嗓音的长期超负荷运转招致声带肌肉组织的病变。

4. 合理饮食

从前梨园界有"饱吹饿唱"之说，话虽简单却基本合于生理科学。当然，"饿唱"也不是空腹，只是强调"唱"比"吹"前的进食要尽量少些。"说"的艺术在这一点上与"唱"的艺术同理。因为胃脏横卧在横膈肌下，如果吃得过饱发声时会使胃脏膨胀，或多或少会妨碍横膈肌的上下运动，限制胸腔上下径的伸扩，引起气短。另外，唱、吹时大脑神经系统注意力集中在作品上，还会影响胃肠的正常蠕动和吸收。由此可以推断，饮食适度也是发声的一种需要。

饮食方面还应注意定时定量，暴饮暴食不仅有碍发音器官的正常活动，也不利于身体其他方面的健康，有人习惯大量用声后马上喝凉水或吃冷饮，这对嗓子也会构成较大刺激。刺激性较强的食物对发音管腔特别是声带的影响，历来众说纷纭，有的声音工作者吃辣椒、葱、蒜成瘾，可能这些食物对他们的声带确无多大影响，因而他们就持"辣物无害论"，但更普遍的事实却是吃辣物会引起声带的不适应症，尤其是大蒜，吃了生蒜后发声，嗓子会有粘着感，因此少吃或不吃辣物起码对嗓音是无害的。不论酸甜苦辣、冷热生熟，任何食物都不宜过量，在用声前后的一段时间内更应谨慎，以免影响正常发声。

5. 切忌烟酒

烟酒是嗓子的大敌，这在发声学上已有定论。以前有些唱戏的人登台前喜欢喝上几口，提提"神气儿"。少量饮酒对声带确实不至于有什么明显的损伤，但嗜酒成癖就当戒了。有的职业发声者无限量地酗酒，生生把原本优美的嗓音喝得干枯无味、黯然失色，最终不得不挥泪改行。

吸烟对嗓子和身体其他脏器都有百害而无一利。吸烟后痰多、易咳嗽、声道干涩，音质缺乏润泽和色彩。

6. 谨防感冒

感冒多是身体过度疲劳或受寒受暑所致。感冒对嗓音的损害不容小视，它可直接诱发上呼吸道炎症，出现红肿、热痛和机能障碍。感冒时，鼻腔、咽部、喉头、声带、气管等部位的黏膜会出现充血和急性咽炎，使原来的管腔相对变窄，气流和音波通过时比平常困难得多。这种状态下，别说艺术语言的发声，便是生活言语的发声也多有不便。如果在感冒时大量发声，炎症和充血现象会愈发严重，更不利于嗓音的恢复。所以一旦患了感冒，就应及时治疗，适当调养。

在发声实践中，有时还会出现这样的情况：在自我感觉稍有感冒迹象时，声音会突然变得动听多了。其实这恰恰是声带病变的先兆。因为声带一旦出现炎症，整个呼吸道的各肌肉组织（包括声带）就会慢慢暄肿起来，声带一暄肿，反而比原先闭合得好一些，歪打正着，似乎有"事半功倍"的效果。越是在这样的情况下越要节制用声，千万不可被假象所迷惑。指不定当我们正为所获得的一种"良好"的感觉而自得其乐的时候，就已走入了用声的误区。

嗓子是人体的一部分，它的健康状况与全身的健康密切相关。为了保持良好的发声状态，应该积极锻炼身体，增强体质，避免各种疾病（包括感冒）对身体的侵扰。过去艺人讲究"冬练三九，夏练三伏"，练的不光是嗓子和嘴皮子的功夫，还包括锻炼身体。

7. 充足睡眠

发声是全身心的运动。有了充沛的精力（心力、脑力、体力的综合），才会产生强有力、高质量的声音。如果睡眠不足，声带是不会随心所欲地为人们所用的。用声的张弛之道在于劳逸结合，声音工作者要尽可能保持充足的睡眠，让声带得到充分的休息。

8. 定期检查声带

声带存于喉室中央，看不见、摸不着，要感觉到它不容易。人体好多部位的病变都会波及它，它的病变多是突发性的。有条件应该定期去医院检查（职业声音工作者更应如此），发现病灶隐患及时诊治，防微杜渐。

9. 特殊保健

人的变声期是个特殊的阶段。变声，戏曲界叫"倒仓"。变声期喉部生长迅速，一般男性声带长度大约可以增长一倍，女性声带要增长二分之一左右。这一时期如果用嗓过度则会使声带充血、水肿，声带后端闭合不良。指望"喊破"之后出现"金嗓子"的说法缺乏科学依据，但也大可不必将变声期视若禁声期，与其消极被动地保养，不如做一些呼吸控制、嘴上功夫等的训练。

女性例假期间，鼻、咽、气管、黏膜也常常充血，肌肉能力会减退。这期间一般不提倡高强度、长时间用声，个别情况可遵医嘱。

二、喉部控制的训练方法

（一）气泡音训练

职业声音工作者每天都要用声音工作，有时需要大量、高强度地用声，即使很会用声的人，时间久了声带也会劳顿，有时就不可避免地产生两片声带颤动不一、声带闭合不良的现象，这些属于正常情况，不必大惊小怪。在声带用疲之后适当休息便可恢复。研究者在发声实践中摸索出了一套积极的休息方法，叫"气泡音"练习法。

所谓"气泡音"，就是由喉部发出的微弱颤音。再具体一点说，就是在发音时使两条声带微微靠拢，用微弱的气息轻轻地吹动声带，发出一种像空气在水中起泡儿的声音。事实证明，气泡音的锻炼对于实现声带振动的平衡、促进声带的生长及增加声带肌的力量都是有益有效的，同时在锻炼过程中还容易体会到对气息的控制，是一举多得的好办法。

气泡音的练习应注意以下几点：

第一，气泡音在声音用疲后不易发好。充足的睡眠之后最容易找到这种感觉，最好选择在清晨刚起床时开始训练，它也是推醒声带的一种有效的准备活动。

第二，气泡音练习时间不宜过长，几分钟即可。清晨练习主要是为了使尚处在睡眠状态的声带进行发声适应性的准备，时间久了反而会使声带疲劳，影响上午的工作。

第三，做气泡音练习，口腔和喉部的肌肉要放松，头部端正平视，声带不可控得过紧，保持正确的呼吸姿态，心境平实，气息要缓，只要能吹动声带振动就行。

第四，气泡音的"音"要均匀、持久、不能间歇，不能时大时小，时有时无。

第五，气泡音重点在"泡儿"。发音时，声音可放到最大，闭口、张口均可。用气泡音带发元音 a 等亦可，只是这样的锻炼须在发好气泡音的基础上进行，离开了"泡"的本质色彩去发纯粹的元音，意义就不大了。

第六，发气泡音时，口腔可以往复开合，甚至可作咀嚼状，这对声带振动的匀称性具有重要意义。

（二）哼鸣训练

哼鸣练习是建立在气泡音锻炼基础上的，它比气泡音又近了一步，做这种练习可以使两条声带靠得更紧些，使气流的冲击力量更强些。哼鸣练习一般采用鼻辅音 m、n、ng 作素材。歌唱发声教学多用 m 练习。言语发声为了扩大声腔，使口鼻联合形成强有力共鸣，加大声音的响度，不妨也借用这种 m 音练习法。

需要指出的是，言语发声仅用 m 音还不够，还要用到 n 和 ng，因为 n 和 ng 练好了，汉语的前、后鼻音问题就解决了一半。言语发声的哼鸣练习主要是改变声带的运动形式，使声带得到均衡的运动，而并不希图像歌唱发声学上所要求的为了锻炼音高，找上部共鸣或统一声腔。因此说，艺术语言工作者练习哼鸣应格外小心，不要将声带绷得太紧，声音往上走的时候口腔的内膛也应随之撑大，并可寻找一种带有疑问色彩的共鸣。

m 哼鸣的综合感觉应当是：软腭带着小舌自然垂下，活开鼻腔的通路，双唇吻合，牙关打开，口腔内呈自然状态，让气息过咽腔到达口腔前部，在此首先振动取得微弱共鸣，然后又折返咽腔上冲鼻腔流出，带动鼻腔的共鸣，形成口鼻联合共振。m 哼鸣实际上有三个共振点：一是口腔，二是鼻腔，三是眉宇间的额窦。三点先连成线，继而又扩展成面，能够感觉双唇在均衡紧张振动，有麻酥感，甚至整个面罩都在麻木。

哼鸣的声音由低到高，由弱到强，结合气息的训练，效果更好。

第四节　共鸣控制训练

在大课上讲授共鸣控制的训练方法时，主讲教师要作示范，先给学生们正确的概念，将技巧和关节点明，日后小课上由小课指导教师针对每个学生的情况进行训练。具体方法有：

训练一：结合气息控制做哼鸣训练。做这种哼鸣练习至少应当找到以下三个感觉：其一，额窦振动的感觉。用手轻抚脑门，以增强这种意识的体验。这种训

练做好了会感受到大脑这部"机器"里的许多元件都在震荡，骨传导和空气传导同时进行。其二，双唇吻合，有麻酥感。其三，后槽牙撑开，气息盈满口腔，在口腔内回旋激荡，作为额窦共鸣的呼应。可做"1 3|5 3|1—||"和"1—|3—|5—|3—|1—|1—||"两种训练。另外可用较低的声音做横膈肌与哼鸣结合的训练，体会胸部响点及响点的高低串移。

训练二：用较低的声音发"a—|o—|e—|i—|u—|ü—||"六个母音重点体会胸腔共鸣的逐渐加强；然后提高声音再发一遍这六个母音，体会胸腔共鸣的逐渐减弱、共鸣位置的逐渐上移。

训练三：以自我感觉最舒服的音发好上述的六个母音，体会上下贯通的共鸣状态。发音时用手轻抚胸骨处或两颊处会感到某些振动。

训练四：打开后槽牙，从容地发出复韵母 ai、ei、ao、ou，体会声束沿上腭中纵线前行并"挂"在硬腭前部的感觉。

训练五：结合横膈肌的锻炼，发较短促的 ba、pa、da、ta、ga、ka 等音节，体会声束冲击硬腭前部的状态。

训练六：声音拔高。由最低音拔向最高音，发 a—i—u，体会共鸣状态的变化。

训练七：绕音。先由低至高螺旋形向上发 a—i—u，然后再由高至低螺旋形向下发 a—i—u。

做共鸣控制训练时，脊柱要直而舒展，保持咽管的畅通，要体现出积极的精神状态，并加强声波的反射力。胸部应放松，气不可吸得过满，感觉到声音仿佛是从胸部响点"透"出来的，适当打开后槽牙，取得较为丰富的口腔共鸣，在意念上感到从小腹拉出来的声束弹性带先垂直向上，经口咽部转而向前，沿着上颚的中纵线流动前冲，"挂"在硬腭前部，透出口外。

在发声过程中，一部分能动弹的、起主导作用的发音器官，叫作"积极发音器官"或"主动发音器官"，有双唇、舌头、软腭、小舌等，它们共同构成了人类发音器官的主干；另一部分不能活动的在发音时起辅助作用的器官，称为"消极发音器官"或"被动发音器官"，如硬腭、上下齿、齿龈等。无论是哪一个音素的发出都是这些发音器官的若干部位协同连动的结果，但具体到发音训练，还是应该侧重于运用好声带、舌头和软腭三个关键部位。

第五节　声音弹性训练

这些"声发其外、达于受众"的声音不仅需要扩大，达到强化，而且需要有一些变化，达到美化。这需要我们通过扩展自身的音域，获得声音的弹性。拓展声音的对比变化的能力，可以使吐字归音极具规范化的声音造型，经过混响共鸣作用于有声语言表达，让规范、清晰、自然、流畅的声音成为表情达意的有力工具，达到艺术语言的审美张力和传播效果。

一、不断扩展音域，增强声音弹性

播音主持艺术界曾有一句话："声非学器者也。"[1] 意义就是，完美声音的塑造不能只凭借生理器官的配合，像一台语音发声的机器一般，忽视稿件内容，缺乏真情实感。经过充沛气息承载出的声音，经过吐字归音雕琢后的声音，经过口腔等共鸣腔扩大了的声音，不能只是千篇一律、如出一辙，那些过于单一或者一成不变的声音听起来单调乏味，很难吸引受众。优美的有声语言应该像多彩的调色板一样，根据不同题材和体裁的稿件，呈现出丰富多彩的声音艺术效果，从而使受众如饮甘饴、如临其境，最终引发联想、回味无穷。这里的"丰富多彩"指有声语言的变化，是声音对于人们变化着的思想感情的适应能力，也是声音随思想感情变化而来的伸缩性与可变性，而这就是声音弹性。

什么样的声音才算得上有魅力的声音？这个问题应该贯穿语音发声、语言表达、播音文体业务的始终。声音的魅力，首先来自清晰度，包括声、韵、调的准确性；其次来自流畅度或稳定性，语流能否顺利推进，气息是否平稳运行；再次来自指向性，声音能否如珠如流般地进入受众的拾音范围，这里需要吐字归音的高超功力，也包括共鸣腔的协调配合；最后来自造型性，也就是声音的跌宕起伏、运动变化，造型性的获取和塑造正是进行声音弹性训练需要突破的环节。

从这里开始，声音的训练已经不只是唇、齿、喉、舌的配合问题了，它必然与典型的语境、具体的情感相关联。例如："柳絮桃花，自在流莺，马蹄浅草，垂钓闲人，到江南赶上春。关外飞雪，天高云淡，银树寒霜，红炉沽酒，漠北塞外

---

[1]　刘勰. 文心雕龙 [M]. 上海：上海古籍出版社，2015.

有豪情。"[①] 读者一见这段话，自然会产生创作欲望，即语句前面和后面的景色、感觉截然相反，用声的要求一定不统一。这种感觉完全是准确的，江南的温婉细腻，塞北的粗犷豪放，这就是具体语境的规定性。正所谓"未成曲调先有情"，在此建议读者要尽量调动自己的思想感情去切身感受，关注具体语境，在语流中动态地体现声音的走向，把握声音的质感。所以说，句子的具体语境是声音弹性训练的土壤和根基。

声音的弹性训练，主要是使自身的声音随着稿件中的规定语境，体现出有声语言高低、快慢、强弱、虚实、明暗、刚柔、薄厚、收放等方面的变化。这些变化的锻炼就是声音弹性的获取，其间既包括具体的语音发声技巧，也充盈着有声语言审美层面的追求。这些声音变化的源头并不是音量大小的变化，而是自身的音域需要得到有效拓展。我们都希望自己的声音既能高上去，又能低下来，也就是达到"高音不喊、低音不散"的要求，声音的最低音到最高音间的距离就叫作音域，音域拉开得越大，声音的弹性效果就越好。在实际教学过程中，不少学生音域不宽，遇到情绪高昂的句子声音上不去，遇到深厚低沉的句子声音又下不来，这样就很难确切地表达出作品所蕴含的情感，显得心有余而力不足。改变这一现状，首先要从改变自身的音域做起，持之以恒地掌握具体技巧，扩展声音的音域，塑造声音的弹性。

（一）扩展音域的训练

要把握拓展音域训练的总方针——循序渐进、量力而为。可以先做由近及远的声音达远训练，选择一块空旷的地方，抬头挺胸站立，一定要放松，发 a 音。声音追求集中、稳定，就像拍摄画面一样，从特写画面拉开至全景，让声音由近及远地传播，一口气将声音打到最近点、近点、稍远点、远点、最远点。刚开始练习的时候，声音总是传不远，随着训练时间的增加，声音自然会传得越来越远。可以多做远距离对话配合训练。

同学甲：喂……，喂……，（同学乙的姓名）……

同学乙：唉……，（同学甲的姓名）……

同学甲：快……来……呀……

---

① 臧凤宇. 情爱射雕 [M]. 沈阳：沈阳出版社，2003.

同学乙：什么事……呀……

同学甲：咱们……一起……去……往北走……找柳组长……取……演讲稿啊……

同学乙：好……啊……

同学们还可以做一些由低及高的练习配合训练。要抬头挺胸站立，保持放松，发 a 音，就像上旋转楼梯一样逐级升高，音量由低及高螺旋上升，声音不能有喊叫之感，切记中间不能换气。刚开始练习的时候，声音上旋的幅度不宜过大，随着练习时间的增加，声音自然会抬高甚至更高。发音的同时可以用手比画螺旋上升的线路，但一定不能耸肩，要注意保持身体内气息循环的沉稳、均匀。

训练好由近及远和由低及高这两个声音直线运动环节之后，拓展音域的训练可以进行声音曲线运动的环节。要抬头挺胸站立，这是基本的身体姿态，还要坚持身体各部位的适当放松，不要耸肩，头颈肩不要拉扯、摇摆，然后连续不断地发 a 音。一低一高，再一低一高，这样螺旋前行，a ↗……，a ↘……，中间不换气。发音的同时，可以用手比画波浪状前行线路，配合训练。

以上三个重点练习是针对拓展音域的。这三个训练完成之后，可以结合具体的语境，进行声音弹性训练。

（二）各项声音弹性的对比训练

1. 声音的高与低

从最容易被人耳感知的维度——声音的高与低入手。声音的高与低作用于声音创作的响度上，在有声语言表达中，常常会出现声音高低起伏的变化。一般来说，表达激动、紧张、喜悦、愤怒等感情色彩时，声音经常会呈现升高的趋势；而表达放松、悲伤、甜蜜、幸福、神秘等感情色彩时，声音会倾向于低沉。

在训练时，可以选定一个句子，使声音有层次地爬高。例如，闻一多先生的《最后一次讲演》中有这样一句："大家都有一支笔，有一张嘴，有什么理由拿出来讲啊！有事实拿出来说啊！"一句紧过一句，一句高过一句，最终达到高点，这就是声音的升高。

可以按照相同的方法，训练声音有层次地降低，比如小说《军礼》中有这样一句："她呆呆地望着，好像明白了什么，羞愧地低下了头。"这句话就是声随情转，逐步向下降，直到最低点。

也可以选定一首古诗，专门训练一句高、一句低的交替练习，使气息、声带随着声音的高低起伏跳跃式地调整，例如：

好雨知时节↗，当春乃发生↘。

随风潜入夜↗，润物细无声↘。

还可以利用一句带语境的解说词来训练一个句子中声音有高低交叉的变化。例如，公益广告片《我是新青年》，画面动感强烈，洋溢着青春的律动和蓬勃。其中有这样一句："不是没态度，我自有想法，时代选择我，我改变时代，我是新青年！"这句话在"我自有想法"处达到小高峰，而在"时代选择我"处往下降，在"我改变时代"一句时声音又往上扬，最终在"我是新青年"一句时达到顶峰。

声音弹性高与低的训练，要追求高低适度，也就是要逐级演进，在保证中声区科学用声的前提下，锻炼自己嗓音的适度升高与下降。

声音弹性高与低的训练，是针对声音要素中的音高展开的。严格意义上讲，声音层次上高与低的区分，受众不需要调动其他感受就可以把握，这是人们依靠基本感官就可以获取到的拾音结果。这种基本感受，除了可以区分声音的高与低，还有一组对比维度，即声音的快与慢。

2. 声音的快与慢

声音的快与慢，作用于声音创作的速度上。在有声语言表达创作中，声音的快慢变化使语流形成明显的节奏，体现出人物的心理与情绪。

为了训练这种"快而有序、快而有度、快而有韵"[1]的声音弹性造型，还需要训练一些有情节、有起伏的贯口词段落，例如：

什么上山吱扭扭？什么下山乱点头？什么有头没有尾？什么有尾没有头？什么有腿儿家中坐？什么没腿儿游九州？赵州桥什么人修？玉石栏杆什么人留？什么人倒骑驴儿桥上走？什么人推车轧了一道沟？什么人扛刀桥上站？什么人勒马看《春秋》？什么人白？什么人黑？什么人胡子一大堆？什么圆圆在天边？什么圆圆在眼前？什么圆圆在长街里卖？什么圆圆道两边？什么开花节节高？什么开花猫着腰？什么开花无人见？什么开花一嘴毛？

双扇门儿，单扇开，我出的谜语我自己猜。小推车上山吱扭扭，磕头虫下

---

① 赵鹏.播音员主持人语音发声实用教程：第 1 版 [M].北京：中国国际广播出版社，2022.

山乱点头，蛤蟆有头它没有尾，蝎子有尾没有头。板凳儿有腿儿家中坐，小船儿没腿儿游九州。赵州桥，鲁班修，玉石栏杆圣人留。张果老倒骑驴儿桥上走，柴王爷推车轧了一道沟。周仓扛刀桥上站，关公勒马看《春秋》。罗成白，李逵黑，张飞的胡子一大堆。月亮圆圆在天边，眼镜儿圆圆在眼前，烧饼圆圆长街里卖，车轱辘圆圆道两边。芝麻开花节节高，棉花开花猫着腰，藤子开花无人见，玉米开了花它一嘴毛。

在训练的过程中，除了注意语速的针对性训练，还要注意其间的气息转换以及吐字归音的灵活性。例如，训练简单的《报菜名》段落：

全国大菜南北全席，我准备请您吃上四干、四鲜、四蜜饯、四冷荤、三个甜碗儿、四点心。四干就是黑瓜子、白瓜子、核桃蘸子、糖杏仁儿；四鲜是北山苹果、深州蜜桃儿、广东荔枝、桂林马蹄儿；四蜜饯是青梅、橘饼、圆肉、瓜条儿；四冷荤是全羊肝儿、熘蟹腿儿、白斩鸡、炸排骨；仨甜碗儿是莲子粥、杏仁儿茶、糖蒸八宝饭；四点心就是芙蓉糕、喇嘛糕、油炸丸子、炸元宵。

训练声音造型的快与慢，要追求快慢相宜的审美特征。一味地快难免忙中出错，一味地慢也会索然无味。只有训练声音快慢相宜的弹性美感，才会呈现出有声语言不同的运动质感，也会彰显出声音快与慢不同渗透中的和谐韵律和审美节奏。例如，通信报道《李文祥老人的军功章》中有这样一段："李老是一把尺子，是一面镜子。战争时期，他出生入死、冲锋在前；和平年代，他带领乡亲们脱贫致富，享乐在后。几十年来，他不计得失、不为名利、不愿邀功、不图索取。他把自己的功劳归零，无论在什么样的岗位，都始终坚守着一名党员的责任和信念。这位朴实的老人，以一片赤诚之心，让更多的人感受到了榜样的力量。"这段文字中体现李文祥老人淡泊名利情怀的词语有不计得失、不为名利、不愿邀功、不图索取，前三个词语可以适当加快一些速度，体现有声语言的话语密度，但不要过急、过赶、过快，注意适度，要以清晰度为前提要义。而结尾处"榜样的力量"的处理，就要注意使用声音弹性的慢造型，注重余气送托，体会平稳完结。

3. 声音的强与弱

声音弹性中"强"与"弱"的造型对比，主要表现为气息控制和发音强度的变化。在实际的稿件创作中，具有紧张、有力以及激昂奋进的感情色彩的稿件，经常用较强的声音表现；软弱、无力或消沉等感情色彩的稿件，常用较弱的声音表现。从受众听觉的反馈来分析，较强的声音往往与音量高、音色明亮相关联；较弱的声音往往会与音量低、音色暗相关联。比如一年一度的春节联欢晚会，主持人的声音一定是热烈的、强有力的、充满激情的。

当然，声音强与弱的造型需要取决于稿件的规定情境，不能任由创作者的喜好。训练声音强与弱的对比度，首先要选用句段练习，让声音有层次地由弱到强。起始音高不变，先用弱声，一遍比一遍强，到最强时也不要有喊的痕迹。例如，卡勒德·胡赛尼的小说作品《追风筝的人》中有这样一段："但哈桑似乎在做别的事情，双手焦急地摇动。'现在，我要去帮你追那只蓝风筝。'他放下卷轴，撒腿就跑。他的橡胶靴子踢起阵阵雪花。已经飞奔到街道的拐角处。他停下来，转身，双手放在嘴边说：'阿米尔少爷，为你，千千万万遍！'"，分析下哈桑的这段话：前面一句是哈桑的决定，本身就是坚定的，应该以实声为主，而后面一句"为你，千千万万遍"，在处理上应该更实、更强，因为此时的哈桑已经和阿米尔少爷有了一定的空间距离，这不仅是情感的流露，还要考虑到时空转换，声音造型也要符合逻辑关系。

还可以选用强弱交替类的句段进行练习，声音逐渐增强，先由弱到强，然后再将整体声音逐渐减弱，感受声音强与弱的中间层次。例如，曾卓的诗歌作品《老水手的歌》中有这样一段："而今，老年在故乡，他却又路远迢迢地，来看望大海。他怀念大海，向往大海：风暴、巨浪、暗礁、漩涡，和死亡搏斗而战胜死亡……壮丽的日出日落，黑暗中灯塔的光芒，新的港口，新的梦想……呵，闪光的青春啊！无畏的斗争，生死同心的伙伴，梦境似的大海。'……看晚星引来乡梦上心头'，像老战马悲壮地长啸着怀念旧战场，老水手在歌声中，怀念他真正的故乡。"可见，这首《老水手的歌》就是老水手的回忆和寄托，中间的回忆部分是老水手生命中的荣光时刻。那与风暴、巨浪、暗礁和漩涡相依相伴的岁月是老水手一生都难以忘怀的。所以，从"老年在故乡"的开始段落，再到"老水手在歌声中，怀念他真正的故乡"的结尾段落，声音都不强，彰显了中间段落对青春、对往事的"强有力"的回忆。

训练完这种两头弱中间强的声音弹性，再来练习由强到弱的声音造型，要一边训练声音的弹性，一边感受语境中规定的情绪走向。例如，在电视剧《康熙王朝》中，与皇帝最为默契的容妃去世了，康熙皇帝非常感伤。在容妃的棺木前，皇帝追封容妃"孝慈仁皇后",并传旨大臣张廷玉为孝慈仁皇后撰写"本纪"。其中有一句皇帝的独白:"朕还要让他(指大臣张廷玉)写明,孝慈仁皇后,二十七年来与朕心心相印,情理相通,同甘共苦,恩爱交融。容妃啊,从此你与朕千古相随了。"整体声音由强到弱,直至最弱,极深沉地表达出皇帝内心的悲痛、挣扎与苦楚。

声音弹性中强与弱的训练,主要是针对声音要素中的音强展开的。所谓音强,就是指声音的强弱,它是由声波振幅的大小决定的。一定频率的声波,振幅大的音就强,振幅小的音就弱。对于人耳来讲,对声音强度的感受叫作响度。音强增强,作为发声动力所呼出气流就需要增大流量,所以声音的强度训练也通常会和气息的调节有很大的关系。声音弹性强与弱的训练要强弱并举,强与弱的声音不能截然分开,要追求相得益彰、浑然天成。

4. 声音的实与虚

声音的实与虚主要是由声门开闭状态不同造成的。一般都有这种感觉,实声听起来响亮扎实、掷地有声,它经常用于表达严肃、激动、紧张、兴奋、强健等感情色彩,因此,提倡在播音发声训练中以实声为重点。虚声听起来像是混进了呼气声,常常表现出亲切、柔和的特点,常与轻松、虚弱等感情色彩相关联。在训练中,要选用新闻消息来训练偏实的声音。新闻消息短小精悍、信服力强,要求声音实实在在,声带轻松闭合,响亮流畅。例如:春分时节,农事繁忙,全国的春耕生产由南向北全面展开了。物联网、高科技等一批新技术,正在推动我国农业生产更加精细,而由超级农场、农民合作社等组成的新型农村经营主体,正在引领农业发展方式更加高效。这篇短消息中,"春耕生产""新技术""农业生产更加精细""新型农村经营主体""农业发展方式"这些重要信息就要首选实声,表达者要把这些信息不折不扣地传递出去,不能引起歧义。

关于虚声的训练,传统的练声方法是选用一些文学作品中描述虚幻事物的段落情节,或选择一些"说悄悄话"段落的内容来训练,体会从声门处溢出较多气息的感觉。比如电影《人在囧途》中有这样一个段落,在春运回家的途中,玩具集团老板李成功和农民工牛耿遇到了一位正在向路人乞求捐助的少女,两个人跟随着这位少女来到她的家中。原来她是一名老师,她的家里全是等待治病的孤儿。这位老师告诉李成功和牛耿:"不把你们带到这儿来,你们是不会相信我的。我跟我男朋友都是曙光小学的老师，他是教美术的，这些孩子都是孤儿，比起那些没钱上学的孩子，他们更可怜。我们答应了孩子们，等春天来的时候带他们去看油菜花，去写生，然后我和我男朋友去给孩子们买油彩，买画板。回来的路上出了车祸，我男朋友走了，我的脸也毁了。我实在是走投无路了！"这段独白有很多信息都是伤心往事的交代，也是人物内心情绪的宣泄，虚声的处理犹如"不着一色，心已破碎"一般，更加体现出生命的脆弱和人世的无常。

声音弹性中虚与实的训练主要是针对声音要素中音色展开的。音色，也叫音质，它是指声音的特色和本质。也就是说，音色是声音独特的质地和色彩。不同的人发出不同的声音，代表了其声音的个性。声音虚与实的弹性训练要追求虚实结合，并不是虚就没有力量，实声有实声的坚定，而虚声也有虚声的震撼。我们在训练中，要力求将二者结合，共同为有声语言表达服务。

5. 声音的明与暗

声音的明就是明快、明亮，是一种较为轻松的声音，它洋溢着积极的热情，表现出昂扬向上的情怀。这种明亮的色彩落实到声音里，就是很干净的叙事，不含杂质，通透平实，充满温情。例如，文献纪录片《脚踏着祖国大地》中有一段表现人民军队和人民群众之间的鱼水深情的语句，播出后令人十分感动："最后一把米，拿去做军粮，最后一尺布，用来缝军装。咱们的子弟兵，都是好儿郎，咱们的老百姓，就是亲爹娘！我们无意考证流行于中国北方军民同舞的一种锣鼓秧歌的历史渊源。但是，在人民军队的发展历程中，它是人民和自己的军队交流心曲、相互激励的载体。"表达这段内容的时候，内心要有情感体验，很喜悦、很积极，声音取中声区，不压喉、不捏挤，平实自然即可。

较暗的声音弹性要选择一些较为深沉或沉重的句段来练习，比如体现历史厚重感和沧桑感的文献纪录片《故宫》中有这样一段："这一年，人们收到的类似今天的贺年卡上，不再有建文的年号了。建文帝四年的统治，在一场史称靖难之变的战争后，成了往事。公元 1403 年的大年初一，大明朝第三位皇帝朱棣，正式启用永乐作为自己的年号。这一年为永乐元年。年号的更替，随之带来的将是这个王朝的更多变化。"这一段的声音弹性就不能过"明"，要还历史以风情。战争过后，王朝经过血雨腥风，更迭延续，这一厚重的历史规律和残酷的史实都要求表达者在声音的选择上"不抢""不冒""不扬""不亮"，而声音的"暗"处理正好可以起到烘托环境、参与叙事的功能。

这里还需要提醒读者，"暗"的色彩不一定"不动人"，它依然有自己的魅力。著名学者钱钟书曾说，"颜色似乎会有温度，声音似乎会有形象，冷暖似乎会有重量"①，这是在说"通感"的艺术魅力。声音的"明"与"暗"也要根据具体语境不断调整，适当转换，正所谓："明暗得当"。这样的声音造型才更加有形象，有细节，有韵味。

6. 声音的刚与柔

"刚"和"柔"也是任何一种艺术形式的审美范畴，不仅是在声音系统内。"刚"和"柔"的声音造型在人耳的听觉范围内很容易被把握和区分。我们可以选用感情激越的稿件练偏刚的声音，胸腔共鸣充分，气息控制和口腔控制较有力。例如，文献纪录片《旗帜》的第二集《浴血奋斗》中有这样一段："雄伟壮观、庄严肃穆的人民英雄纪念碑，巍峨耸立在天安门广场中央。纪念碑的正面是毛泽东题写的'人民英雄永垂不朽'八个鎏金大字，背面是毛泽东起草、周恩来题写的碑文。碑座四周的大型浮雕，生动地表现了近代以来中国人民前赴后继、顽强不屈的奋斗历程和伟大民族精神，中华儿女那一幕幕可歌可泣、浴血奋斗的景象真实地呈现在世人面前。"这段解说词需要配合很明显的"刚"的声音造型，以人民英雄纪念碑为切入点，规整的声音"洪钟大吕"般地将受众的注意力引向中国的革命事业以及为了解放全中国而牺牲的革命烈士们，伟大的事业需要"金属质感"般的声音造型支撑配合。

还可以选用较为柔和的声音练习抒情性稿件或服务性稿件，气息控制和口腔控制较为缓和，但是这里还需要提醒读者，这里的柔和是一种抒情，并不是"弱"，而是一种非崇高的优美，是一种不激烈的壮怀。在声音弹性的取向上，它应该是娓娓道来的、饱含情感的。比如在文献纪录片《晋商》中有这样一段："这是晋商迈向成功的第一步，这一步迈得并不容易。山高水长，推着木轱辘小车，载着沉重的粮食和盐，在崇山峻岭中穿行。行路之人不但要忍受常人所难以忍受的艰难，还要耐得住寂寞，耐得了思乡之苦。一定要走向富裕的信念支撑着他们，从始至终山西人都走得那么不可动摇，这一走竟然持续了四百年的时间。"通过这段解说词，我们很容易体会到山西商人当年创业时的艰难，但在这里，是一种"把

---

① 施咏. 中国传统乐论 [M]. 南京：东南大学出版社，2018.

苦难化为神奇"的过程，声音的创作上不能过"刚"，不是在高喊，而是在讲述，通过不惊艳但有回味的讲述，去还原那段"筚路蓝缕，以启山林"的辛酸岁月，总体的声音弹性应该选择"柔"。

刚柔相济，一直被誉为一项重要的审美原则，被各种艺术形式的创作广泛使用。在播音主持艺术创作中，我们要积极训练声音弹性的刚柔相济、融合相通。声音的"刚"与"柔"要适度，需要气息控制平稳均匀，口腔控制要追求松紧相宜。例如，电视文献纪录片《京剧》中有这样一段："100多年前的王瑶卿，是京剧舞台上的一位要角儿。他穿梭于重重宫门的紫禁城，立于富丽堂皇而又戒备森严的宫廷舞台，为一个行将死去的王朝载歌载舞。王瑶卿的身影其实并不孤独，京剧百年，曾经见证了太多粉墨登场的艺人无以掩饰的光荣或梦想、得意或失落。程长庚、谭鑫培、杨小楼、余叔岩、梅兰芳……正是这些熟悉或陌生的名字，成就了一个王朝跨越世纪的欢娱，也成就了京剧自身的灿烂与辉煌。"这就属于明显的一段需要调动声音的"刚"与"柔"和谐相融的内容。文中紫禁城、宫廷舞台一般适宜以声音的"刚"造型出现的，体现历史的沧桑、岁月的烟尘，而后面的"光荣、梦想、得意、失落、欢娱、灿烂、辉煌"等信息，就要注意"刚柔相济"，太"刚"则失去了生活的底色，太"柔"又不足以体现老艺术家们的光彩人生。

7. 声音的厚与薄

声音的"厚"与"薄"这组弹性造型依赖一部分先天的成分。有的同学特别是一些男生，天生的嗓音基础就比较厚实，也完全可以通过声音弹性的训练，使自己的嗓音逐步变得浑厚。可以通过"g、k、h"等舌根音的训练，在不压喉、不捏挤的前提下，训练声音的厚度，也可以适度多发一些"ang、eng、ing、ong"等后鼻音，在"避免鼻音过重"的前提下可以增强声音的厚度。还可以选用一些感情深沉的诗词、句段来练习声音的厚度，比如王怀让的诗歌作品《人民万岁》中有这样一段就需要厚实的声音弹性来配合逐步被"点燃"的情绪："你从可以望到民族志气的上海望志路走来，你从可以看穿世纪烟雨的南湖烟雨楼走来，你从八百里井冈的很有特色的中国的秋收里走来，你从二万五千里长征的很有气魄的中国的长跑中走来，你走来，大步走上天安门城楼，向着改造历史的人民，用洪亮的湖南口音高呼：人民万岁！"

相对于比较"厚"的声音弹性造型，声音的"薄"也不是劣势，一些较为轻松活泼的文稿就比较适合用较"薄"的声音造型来表达。比如，人文自然类纪录片《森林之歌》中有一集名为《云横秦岭》，其中有这样一段："在秦岭南坡海拔较低的丘陵区，这里是最早迎接春天的地带，与春天一同到来的是动物们恋爱的季节。大熊猫天生喜欢独居，像这样几只大熊猫同时出现在镜头中的情景极为罕见。唯一的原因是，争夺配偶。母熊猫高高在上，耐心等待着为她展开的战争分出胜负。"本是春光明媚，早已冰雪消融，就应该使用一些薄如春冰般的声音体现文段生机勃发、万物复苏的灵动景象。

训练声音厚与薄的声音弹性，要追求薄厚均匀的审美特征。均匀、适度、灵透，也是中国美学的重要特征。声音"薄"与"厚"的处理，也应该力求做到淡妆浓抹总相宜，体现出薄厚均匀的中和之美。比如纪录片《问道武当》中有这样一段："2500 年前，就在这块岩壁下，尹喜开始了寂寞修行。这是一场一个人的精神盛宴，从此天为被，地做床，青山为友，流水知音。后世的人们向往这神仙般逍遥自在的生活，便将这儿称作隐仙岩。直到这时，尹喜才恍然顿悟，原来，这一次问道之旅才刚刚开始，他还要穿过逍遥谷，越过展旗峰，登上海拔 1613 米的天柱峰顶。在他的心中，那座最高的巅峰或许意味着宗教的高远至境，在与天相接的绝顶修身问道才是最终的理想。又一个春天到来的时候，尹喜再次启程，朝着自己的梦想出发。"这段话从文学创作的角度上讲本身就很美，很有哲理、很有韵味。"天为被，地做床，青山为友，流水知音"的环境很适合一个人的寂寞修行，体现出的就是一种空灵、飘逸之美。声音的配合，自然需要平实而悠扬。后来还提到了"尹喜的恍然顿悟""原来他的这次问道之旅才刚刚开始"，声音的配合需要越发实、越发重。文段中还提到"穿过逍遥谷，越过展旗峰""那座最高的巅峰或许意味着宗教的高远至境"，引向中国文化的厚重问题，涉及问道的艰辛、追求信念的执着等人文命题，声音的支撑配合必然应该趋向于厚，趋向于稳，由此体现出整体声音弹性薄厚均匀的审美追求。

8. 声音的收与放

声音弹性训练的终极目标，就是追求声音的收放自如。可以说，收放自如是声音弹性训练的集大成者。"放"就是指气息、声音都放开，气息使用较强，声音具有一定的力度。这里的力度，不仅是响度范围内的力量，还包括一种速度上的跟进，一种厚度上的追求，它适用于思想感情奔放激越的稿件电影《神话》中有这样一个段落，蒙毅将军要奉命执行一项任务，这项任务非常危险，很可能"有去无回"。这是蒙毅将军领命后，回到自己的大营作慷慨赴死的战前动员：

蒙毅将军：蒙家子弟兵听令：家有老父母者出列！家中独子者出列！家有妻儿者出列！凡出列者守营，其他子弟兵，上马！

南宫燕将军：将军，多少年我们荣辱共享，为何到现在不能生死与共呢？南宫燕誓死追随将军！

众将官：誓死追随将军！誓死追随将军！誓死追随将军！誓死追随将军！

这个段落在众将官"誓死追随将军"的雄壮决心中结束，他们个个英勇无畏，视死如归。最后呐喊的雄壮之声震天撼地，声音的弹性当然要取"放"的造型，体现出"将不畏死，兵不惜命"的报国之心。

当然，和其他几组声音弹性的维度一样，"收与放"的声音造型都是相对的，"放"有"放"的姿态，"收"也要有"收"的力量。"收"的声音弹性造型适用于思想感情较为沉静状态的稿件，总体的气息与声音都呈现出一定的收势，气息沉稳、舒缓，声音起伏较小。

综上所述，详细分析了获取声音弹性不同的训练内容。声音弹性的锻炼，离不开声音造型的不断变化，离不开情感、气息、声音的完美结合，能够根据稿件的精神实质和情节的人物关系，作出表达者自己的判断，正所谓"气随情动，声随情出，气生于情而融于声"①。对此，要从整体上把握情感、声音与气息的匹配状态。

声音的变化，要始终追求高低适度、快慢相宜、强弱并举、虚实结合、明暗得当、刚柔相济、薄厚均匀、收放自如的弹性之美，使声音造型充满表现力，适应各种文稿对有声语言的不同需要。这也正好符合著名美学家宗白华先生所倡导的"中国人的最根本的宇宙观是《易经》上所说的'一阴一阳之谓道'，艺术创作的空间感也凭借一虚一实、一明一暗的流动节奏表达出来"②，真正的有声语言是充满节奏化的语言。在宗白华先生的《美学散步》中，提到节奏的妙用就达30多处，而声音的弹性训练就是为有声语言表达中的节奏生成起到基础性的作

---

① 赵鹏.播音员主持人语音发声实用教程：第1版[M].北京：中国国际广播出版社，2022.
② 宗白华.宗白华散文[M].北京：人民文学出版社，2022.

用。各种声音弹性的交错相融，犹如"大珠小珠落玉盘"之感，错落有致、协调共进，也就真正达到了刘勰《文心雕龙》中的"吟咏之间，吐纳珠玉之声"的境界。

二、情、声、气紧密结合

声音弹性是声音随着思想感情变化而出现的伸缩性、可变性。这种思想感情的运动状态是播音主持创作的内在动力，它要求气息、声音随之而运动变化，以体现、彰显出创作者内心所感受到的一切，实际上已经涉及有声语言表达的过程。也正是情感、声音与气息的完美结合，才能更精准、更完美地表达出稿件的情节内容和精神实质。解决好情声气的配合问题，使发声过程在大脑的统一指挥下，充分调动各个发声器官，统一协调地运转与配合，声音才能够随着感情的变化而灵活变化，控制自如。

应该说，声音弹性是表达稿件丰富思想感情的基本条件，它是从播音的声音训练向表达过渡的重要中间环节。声音弹性的获取过程是将声音训练与语言表达结合起来的重要步骤。声音弹性是综合把握各声音要素，使声音为表达服务的基础环节。声音具有弹性，才能够成为表达的得力工具，使以情带声具有扎实的基础，而不仅仅成为一句空洞的口号。情感是美学、艺术学领域的重要词汇，是一切艺术创作的重要前提。符号论美学家苏珊·朗格曾经说过："艺术品是将情感呈现出来供人观赏的，是由情感转化成的可见或可听的形式。"[1]俄国批判现实主义作家托尔斯泰也曾讲过："艺术起源于一个人为了把自己体验过的情感传达给别人，于是在自己心中重新唤起这种情感，并用某种外在的标志表现出来。"[2]两位思想家在各自的领域都提到并肯定了一个重要观点：所谓纯客观的"零度情感"是不存在的，情感体验是艺术创作的内在要素，情感凝结在艺术品中，深化在艺术创作的全过程之中。

中国古代传统的艺术创作也非常注重情感的深度挖掘，追求较为纯粹的情感体验，留下了"一粒沙里见世界，半瓣花上说人情""感人心者，莫先乎情""登山则情满于山，观海则意溢于海"的艺术创作规律。可见艺术创作中，情感体验

---

① 苏珊·朗格.艺术问题[M].滕守尧，译.南京：南京出版社，2006.

② 赵鹏.播音员主持人语音发声实用教程：第1版[M].北京：中国国际广播出版社，2022.

是基础，是一个不可逾越的阶段。播音主持艺术创作同样如此，它不是单纯的技术，也不仅仅是一种器官的机能活动，这种艺术创作还受情感、精神等复杂因素的影响。发音器官是一系列的整体运动，播音员主持人的心理、情绪、态度、感受都会对稿件的表达产生直接影响。

这里需要播音主持艺术创作者要动真情、情取其真。比如《感动中国》栏目中，主持人白岩松在朗读著名词作家、艺术家阎肃的颁奖词时情真意切、感人至深："铁马秋风、战地黄花，楼船夜雪，边关冷月，这是一个战士的风花雪月。唱红岩，唱蓝天，你一生都在唱，你的心一直和人民相连。是一滴水，你要把自己融入大海；是一树梅，你要让自己开在悬崖。一个兵，一条路，一颗心，一面旗。"这段文字本身很壮美，是阎肃先生一生最恰如其分的写照。白岩松在表达的时候注入了深情，一字一句无不饱含着对阎肃先生的感佩与敬重。节目播出之后，观众们反响强烈。

播音主持艺术创作中的情感元素要始终与具体稿件的思想感情相联系。缺少弹性的单调声音虽也能表达出稿件的基本内容，只要照稿去读，避免语音和语法结构上的错误，观众能够明白稿件的意思，但稿件所蕴含的更深一层的思想感情，言外之意必须通过丰富的声音色彩才能表现出来。所以，仅仅"再现"稿件内容是远远不够的，创作者要时刻以稿件内容的"表现"为终极目标，达到美学家科林伍德所追求的"艺术即情感表现——真正的艺术是对情感的探测、认识与释放"的境界。

声音弹性训练要求声音形式能够具有与不同的思想感情相适应的能力。这里的适应是指声音形式必须准确地表达出特定的感情色彩，而不是随意使用声音形式。那样虽然能使声音有所变化，甚至会给人某种生动感，但却不是稿件内容所要求的，也就是声音形式与稿件内容不匹配，没有产生对应关系，这样的艺术创作也不能算作成功。要根据节目、稿件以及话题的内容，深切地体会情感运动中的细微变化而最终形之于声，绝不能脱离具体的表达语境而独立进行。细细体会生活中不同感情的声音变化，并将它们积极地移植到播音主持艺术创作中，这是将声音与感情贴近、使声音形式与思想感情相适应的第一步。比如在《钢铁是怎样炼成的》结尾，主人公保尔·柯察金有这样一段内心独白："人最宝贵的是生命，生命，每个人只有一次。人的一生应当这样度过：在回首往事时，他不会因为虚度年华而悔恨，也不会因为碌碌无为而羞愧，在临死的时候，可以说，我的整个生命和全部精力都献给了这世界上最壮丽的事业，为了人类解放而奋斗。"匹配这段文字的感情应该是满怀壮美的。在北京大学美学教授叶朗看来，这种美应该属于崇高，它与我们分析的阿炳的语言不同，阿炳那段文字的有声语言创作应该舒缓、沉郁，属于美学范畴中的优美。这段《钢铁是怎样炼成的》应该振奋、热烈，充满激情。主人公经过战争的历练、炮火的洗礼，练就了宽广辽远的胸襟和充满力量的臂膀，声音的调动应该是坚定的、明亮的，充满了一种持久的、永恒的信念感。

当然，声音的变化不仅需要情感的积累，还必须充分依靠呼吸的良性运动、气息的自如控制，这同样是播音主持艺术创作的先决条件。要使声音富于弹性，一定要注意气息随感情的运动，因为气息是发声的动力，是由情及声的桥梁，正所谓"情是内涵、是依托，声是形式、是载体，气是基础、是动力"[1]。

此外，应该再度明确：发声能力的拓展也有利于声音弹性的加强，在发声的各个环节的控制上都需要恰到好处、留有余地，这样才有利于声音弹性的产生，在任何一个环节上表现出运动的极限都是形成声音弹性的障碍。比如播讲时音量过大或过小、声调过高或过低、口腔开度过宽或过窄、口腔控制过松或过紧、字音的着力点过于靠前或过于靠后、进气量过多或过少等，这些都是发声控制达到极限的表现，都不是情、声、气深度融合的科学状态。

情感、声音、气息三者之间的密切关系，可以总结出"气随情动，声随情出，气出于情而融于声"这一科学结论。要通过具体语言材料的训练，把握"感情体验是基础，气息变化是桥梁，发声能力是条件，从情到声是途径"的科学规律，注重"情取其真，声取其中，气取其深"的原则，准确、鲜明、生动地完成播音主持艺术创作。

---

[1]　薛飞. 中国播音主持艺术 [M]. 北京：测绘出版社，2013.

第五章　播音主持艺术的发展与创新

本章为播音主持艺术的发展与创新，论述了播音主持艺术专业的新定位、播音主持艺术的发展途径、新媒体环境下播音主持艺术的创新策略、播音主持专业人才培养模式的转变四个方面的内容。

第一节　播音主持艺术专业的新定位

播音与主持艺术专业能够给有关的新闻宣传部门和广播电视媒体提供大量的专业人才，与此同时，也为更多喜欢播音主持专业的学生提供了选择的机会。尽管我国每年报考播音主持专业的学生都比较多，可是在媒体融合环境下还面临不少问题。因此，需要把播音主持专业发展与媒体融合环境统一起来。

一、中国播音学的"多质主调"学科定位基础

《中国播音学》第一版问世时（1994 年）就提出播音学涉及学科的交叉性和边缘性，涉及新闻学、广播电视传播学、语言学、心理学、社会学等，属边缘学科，并阐释了主要与新闻学、语言学和艺术学产生的关联性：播音是一项特殊的言语活动，具有言语传播的性质；播音是一项新闻实践活动，具有新闻性；播音是一项艺术创作活动，具有某些艺术属性。并且同时指出学科定位的"多质主调"说："这众多属性又不是平均用力，作用均等，其中，新闻性在其中占据举足轻重的位置。新闻的真实性原则，使得播音创作中播音员情感的表达与演员表演中情感的表达，有了质的区别。新闻的时效性、报道的连续性、政策分寸的把握，使得播音语言表达技巧区别于朗读、朗诵、讲演等，播音言语活动有了自身的规定性。所以说，播音是广播电视宣传的重要一环，是新闻工作的重要组成部分。"[①] "多质主调"说阐述了播音学是学科融合的产物，并谈到涉及学科的主次性，突出了"新

---

① 张颂 . 中国播音学 [M]. 北京：中国传媒大学出版社，2003.

闻性"的主要地位，但并未阐述播音学主要涉及的新闻学、语言学、艺术学学科之间的关系。但是，"多质主调"说为后续学科定位和相应理论体系发展提供了思考的原点。

二、当代播音与主持艺术学科的新定位

（一）由"新闻性"主调到以传播学为学科归属

从播音与主持艺术专业的发展来看，"多质主调"学科定位中的"新闻性"主调是有时代性的，已不再包含目前播音主持行为的根本属性。从延安新华广播开始直至20世纪90年代初，新闻播音二度创作是播音员主持人主要承担的业务实践领域，而"新闻性"主调也正是在90年代初提出的，新闻性包含了播音员的政治素养、新闻素养等基本内涵，《中国播音学》由此总结出在新闻性的制约下对播音语言表达的创作规律，是对应传媒业界当时对播音人才的实践需求的。20世纪90年代以后伴随着广播电视节目的多元化，主持人尤其是综艺类、社教类、资讯类节目主持人的需求加大。"多质主调"说学科定位提出之时，也正伴随着传播学在我国新闻学领域从引进到逐步发展的过程，传播学给播音与主持艺术专业的学科定位提供了一个远远大于新闻性的视角。但是，传播学当时尚未列入学科和专业目录中。因此，国家教委1994年出版的《中国普通高等学校本科专业设置大全》中，播音专业依然归属于新闻学学科。

20世纪80年代末期以后，中国的新闻学研究领域比较系统地引进了西方传播学理论，并将传播学理论和中国的新闻学研究方法相结合，研究中国的大众媒介传播实践，尤其用于新闻领域的议题研究。不少高等院校的新闻专业也开设了传播学概论、传播研究方法等传播学类基础课程。21世纪以来，越来越多的中国学者参与传播学的研究范式反思等基础问题的深入探讨，不断完善传播学的研究。在此背景下，1997年修订的《授予博士、硕士学位和培养研究生的学科、专业目录》中，新闻学学科才变为"新闻传播学"一级学科，传播学成为其下属的二级学科。2012年修订的《普通高等学校本科专业目录》中，"新闻传播学"一级学科下又增设"传播学"专业，"传播"涵盖播音与主持行为的本质和全部属性——传递信息、获取反馈、实现沟通。传播学的基本研究视角和研究范式适用于分析

播音主持的全部行为。在传播学的视角下，人们可以研究在传媒语境中新闻纪实类节目和文艺类节目两大类节目的传播规律，也可以探讨其他传播语境中与语言沟通相关工作的传播规律。以传播学为基本学科定位，只有取得对播音主持实践的充分关照，教学和研究的视角才能更加全面。因此，将播音与主持艺术专业归属于传播学，应该比归属于新闻学更加符合播音主持实践的范围，也更加符合播音主持知识构架和理论体系的建构需求，以及人才培养的社会需求。

（二）以传播学为归属的"一体两翼"的学科定位

以传播学为归属，以艺术学和语言学为两翼的"一体两翼"的学科定位，结合传播学领域的学术交流和播音与主持艺术专业目前发展的实际走向，建议在新的学科定位基础上，在传播学下增设口语传播学分支学科，将播音与主持艺术专业拓展为更具包容性的口语传播专业，并从知识体系、活动体系等方面提出学科建构。

语言学尤其是应用语言学是播音与主持艺术专业不可缺少的学科知识之一翼。播音主持主要是通过语言方式完成传播沟通行为的，因此关于语言表达的研究与教学需要运用应用语言学的学科知识，研究合乎语境的语言表达语体、语言修辞等问题。

艺术学是播音与主持艺术专业不可缺少的学科知识之一。在媒体传播语境中，文艺类节目中存在大量对语言艺术和表演艺术元素的借鉴和运用，在与语言运用相关的宣传沟通工作的某些语境中也会运用一些艺术元素，比如仪式性的演讲中需要借鉴一定的语言艺术或表演艺术。虽然语言学和艺术学是播音与主持艺术专业的学科构成中不可或缺的两翼，但是，在学科知识建构上，两翼都要统领于传播学这一体，以完成特定的传播目标为目的，以实现传受的良性互动和沟通为价值取向，以传播者的语言行为为主要信息传播载体，探寻在具体的传播语境中传播者对语言符号和艺术元素运用的规律。

对播音与主持艺术专业"一体两翼"的学科定位，是对中国播音学"多质主调"学科定位的继承，也是一种发展。基于播音与主持艺术专业自身的发展和社会对其需求的多元化，"主调"已不再可能局限于"新闻学"，而应该纳入传播学的学科版图，即播音与主持艺术专业的学科定位归于传播学这一体，以语言学和艺术学为"两翼"，围绕在媒体播音主持和其他领域的语言沟通行为中传播学与语言学、传播学与艺术学的交叉融合，形成"一体两翼"的学科架构。"一体两翼"是一个整体关系，传播是播音主持的根本属性，两翼是建立在传播语境下播音主持的语言学特质和艺术学特质的体现。

综上所述，播音与主持艺术专业应培养具备广播电视新闻传播、语言文学、播音学以及艺术、美学等多学科知识与能力的复合型应用语言学高级专门人才。该专业要求学生掌握马克思列宁主义、毛泽东思想、邓小平理论的基本原理，具有较熟练的外语能力和扎实的文学基础，有扎实的汉语基础和流畅的普通话表达能力，能够掌握现代电子媒体技术，有一定的表演经验，能成为在广播电台、电视台及其他单位从事广播电视播音与节目主持工作的复合型应用语言学高级专门人才。

播音专业从 1963 年在我国开设至今，已经发展为包括专科、本科、双学位、硕士和博士在内的完整的培养体系。1998 年教育部颁布的《普通高等学校本科专业目录》中，原来的播音专业被调整更名为"播音与主持艺术"专业。并且由之前的北京广播学院（如今的中国传媒大学）一家独秀，发展到现在遍布全国近 30 个省市和自治区，约 200 家高校设置播音与主持艺术专业或方向，并且新的播音与主持艺术专业仍在不断筹建招生中。

认同网络平台，发展网络基础上的多平台播音与主持艺术专业。媒体融合的多元素如音频、视频、文字、图片、动画等在媒体融合的平台上，功能都不再单一，可以利用网络平台的便利进行即时的、多种形式的互动交流。这就需要信息的发布者除了具备文字的输入和相应的网络技术运用能力，还应该具备符合音视频应用规范的播音与主持技巧。多数门户网站由于受到资源或者版权的限制，应用最多的是文字的交流互动，在进行信息发布时就采用文字形式的播报主持，文字主持人由网站的文字编辑担任即可，但是对于越来越多的音频和视频资源的涌现，传统的文字主持人就无暇应对了。不仅仅因为广大受众对于音视频的要求，更主要的是音视频的播音和主持需要符合相应的语言表达应用规范。现实中，一些广播电视节目中已经开始利用不同的媒体平台进行信息的多项传播。一些新闻节目中主持人除了进行咨询、播报、访谈之外，还利用手机平台或者网络即时和受众进行互动交流。

巩固专业教育，提供社会教育。播音与主持艺术专业在成立之初的定位就是给广播电视媒体培养播音与主持人才。媒体融合中"自媒体"的出现，使得媒体平台更加广大，也使得播音与主持艺术专业人才培养领域更宽广。创造和分享音频、视频，图片和动画的工具越来越普遍地"飞入寻常百姓家"，每个人都可以通过家用媒体设备和终端，参与到节目的采编播当中。因此，每个人都有可能利用设备进行音频和视频制作，甚至包括配音、节目主持这些先前只能由专职播音员或主持人来完成的工作。这样，在媒体融合的发展环境中，播音主持的专业教育和社会教育的界限就会越来越模糊。

第二节　播音主持艺术的发展途径

一、明确播音主持原则

在新媒体快速发展的历史时期，媒体被赋予了新的时代特色，媒体资源具有海量化特点，获取资源具有畅通化特点，媒体形式具有多样化特点，使受众的选择余地更加宽泛，因而要求新媒体语境下播音主持必须进一步体现自身特色，建立新的原则。要将时代特色作为新媒体语境下播音主持的首要原则，还要进一步提升自身的开放性，播音员、主持人要学会与受众进行交流，最大限度地倾听受众对播音主持的意见和建议，改进播音主持栏目以及播音主持人的主持风格，不仅体现出对受众的尊重，还要能够推动播音主持的创新。

二、牢固树立开放理念

对于新媒体来说，开放性是其最大的特点，播音主持要想更好地适应新媒体语境，就必须牢固树立开放理念，坚持"以人为本"与"以物为本"相结合，特别是要把市场经济理念引入播音主持体系当中，将"服务意识"与"商品意识"紧密结合起来，将播音主持当成一种"商品"，着力打造服务品牌，充分了解受众的需求。在新媒体语境下树立开放理念，还必须提升播音主持人的采、编、播能力，使其成为"复合型"主持人，这样能够使播音主持节目更具真实性和情感性。

三、着力强化人文精神

人文精神是社会信仰、价值观念、道德情操的集中体现，播音主持人只有具备良好的人文精神，才能与受众形成广泛的"共鸣"，这也是新媒体对播音主持提出的新要求。这就需要播音主持人必须把"三贴近"落实到位。在新媒体语境下，播音主持还必须牢固树立"亲民化"的精神，不仅要体现在主持风格上，还要体现在播音主持内容上，要让受众通过播音主持有所感悟、有所思考、有所收获，进而提升受众认知力。

四、推动播音主持互动

新媒体的另外一个显著特征就是"互动性"强，因而在新媒体语境下，播音员主持人必须高度重视"互动性"，加强与受众的全方位互动。这就需要对播音主持栏目进行科学的设计，广泛运用网站、微博、微信等互动平台，加强与受众的交流，这样既能够实现新媒体环境下播音主持的互动性，又能够使播音主持更具创新性，因而应当对此进行积极的创新，形成自身的互动模式。要想提高播音主持的互动性，还应当加大与新媒体的合作力度，通过建立多元化的播音主持模式，提升新媒体语境下播音主持的创新性。

第三节　新媒体环境下播音主持艺术的创新策略

在传统媒体时代，播音主持经过多年的发展，已经有了自身完善的流程和格局，播音主持的运行和管理已经基本规范，播音员和主持人的风格和形式也已经被受众所接受。但是随着新媒体的快速发展，原有的播音主持行业出现了新的特征，自身只有加快创新进程，才能更好地适应时代的发展。新媒体环境下，播音主持更需要适应新环境和新特征，只有努力创新发展才能更好把握机遇，赢得受众青睐。

一、在自身业务能力上创新发展

新媒体的发展带来了更快的信息传播速度，这要求播音员、主持人在信息处理上拥有更高的业务能力。尤其是在新闻类播音主持上更是如此。对于重大新闻事件，现场直播内容增多，现场连线环节增多，这就需要播音员、主持人能够尽快熟悉新闻事件的来龙去脉，尽快了解新闻现场的环境氛围，尽快捕捉声音图像与相关人群，在最短的时间内做好直播的准备工作。在播报新闻时，要尽量用简洁的语言来描述新闻事件，用口语化的形式来做好现场介绍，同时针对受众最为关心的问题来进行重点说明。

除此之外，跨界主持人的频繁出现，也对播音员主持人的业务能力提出了更高的要求。如果现有主持人不能尽快提高专业素质、扩充眼界，那么就可能会被优秀的跨界主持人赶上并超越，现有主持人就会有"下岗"之虞。

二、在自身风格特征上创新发展

新媒体环境下，网络视频节目得到了飞速发展，各大视频网站大多有自制网络视频节目，并且也都取得了良好的口碑，这既带来了节目的多元发展，又要求播音员、主持人在自身风格特征上多元发展。播音员、主持人已经不再满足于单纯的串场功能，而是更多地参与进节目内容中去，这就要求播音员、主持人的自身风格特征必须与节目本身相得益彰。只有根据主持人的风格来选择节目风格和根据节目风格选取合适的主持人，才能够造就二者双赢的局面。当下播音员、主持人既要能够在宏观上把握国家政策和社会发展大势，又要能够接地气地了解普通受众的思想生活，还要能够通过自身风格圆满体现节目内容。

三、充分利用新媒体形式创新发展

新媒体形式指的是各种各样的媒介所具有的多功能一体化的一种趋势。媒体融合最为明显的表现在于把传统的媒介，如报刊、电视等融合起来。媒体融合依托互联网技术、数字技术，把媒介的组织系统、终端系统、网络系统、内容系统甚至是媒介自身融合起来，表现出多功能、一体化的发展趋势。媒体融合是媒体改革的一种必然趋势，将手机、互联网、电视、广播、报纸等新旧媒体互相融合、互相渗透，为广大群众提供视频、音频、图片、文本等类型异样的媒体信息，让人民群众不再受到时空的制约，随意收集各种信息资源，并且可以最大限度地共享资源。媒体融合使得媒体运作的格局发生改变，加强了传播的效果，优化了传播结构。

　　媒体融合的动画、图片、文字、视频、音频等多种元素的功能不具有单一性，能够以网络为平台有效地实施多样化的交流互动。这要求发布信息的人员具有应用网络技术的能力和输入文字的能力，除此之外，还需要具有一定的播音主持的技巧。

　　现实生活当中，一部分广播电视节目也已开始借助异样的媒体平台来传播信息。在一部分新闻类节目当中，主持人除了需要访谈、播报、咨询外，还需要借助网络、手机短信、电话实时跟受众群体进行交流互动。

　　传统媒体的优秀电视节目如今基本上都可以在网络上看到，并且使用网络观看的人数呈上升趋势。在网民越来越喜欢通过手机观看视频节目的大趋势下，播音主持也要充分利用新媒体展开创新发展。例如，新媒体的一个重要优势就是互动性强，在即时评论、弹幕等互动方式逐渐风靡的今天，播音员、主持人也要通过这些方式展开互动。这样传统媒体与新媒体相互融合，也成为充分利用新媒体的有效典范。

　　新媒体环境下，播音主持面临更大的机遇，也要迎接更多的挑战。播音员、主持人要对新媒体环境有着更为清醒和前瞻的认识，早日融入新媒体环境中，这样才能在未来的职业发展中立于不败之地。

第四节　播音主持专业人才培养模式的转变

一、明确学科思路

（一）借鉴言语沟通学

　　播音与主持艺术专业是中国特有的专业，外国对播音员、主持人的培养并没有细化成一门独立的专业进行研究，一般只放在口语传播专业之中。口语传播专业的学科基础是言语沟通学，也被翻译为口语传播学。该学科源自古希腊，已有两千多年的学术研究和理论实践历史，在时代的发展中不断完善，研究视野宏大，是一门成熟而古老的学科。

所谓主持传播能力，不是一种单纯的技能技巧，而是一种建立在相关学科知识体系平台之上的口语传播能力与人际沟通协调能力。在媒介融合信息传播多元化、碎片化、分众化的趋势下，播音员、主持人不再以单向传播者角色存在，取而代之的是一个沟通者、互动者、协调者的角色，而言语沟通学中的人际沟通、公共传播、组织传播、小团体传播等理论正对媒介融合背景下的播音与主持传播有着极强的针对性和指导作用。言语沟通学属于传播学学科范畴，是一门把口语沟通放在整个传播大环境中研究的一门古老的学科，具有强大的生命力。

（二）发展主持传播学

"主持"最早出现于美国20世纪20年代。我国对主持人的专业培养，与国外一直放在口语传播专业或演讲口才专业下不同，"主持"从刚出现就被认定是"播音"的一种形式，被直接并于播音专业之中。"主持"一直以来并没有针对自身的独立的学科理论，其教学理论基本是在播音学的学科体系上延伸出来的，即以播音员的专业理论体系培养主持人。随着主持人节目的不断增多，主持人群体的不断涌现，与主持人相关的学科理论才有了一些发展的苗头。

新媒体时代，不论播音员还是主持人，都没有严格的角色区分，甚至出现主持人的"显性"角色被逐步淡化的现象。主持人逐步隐藏于节目当中，在节目内容的编制中充当起了一个更为自然的角色。而随着节目越来越丰富多元、新闻资讯类节目越来越固定，新闻主播、新闻播音员等对于"播音"的需求也相对变少，播音更偏向于作为主持的一种形式存在于视听节目中。

主持传播学出现不足10年时间，基本围绕主持传播的特点、动因、环境、符号、受众主体等方面展开，理论脉络完全借鉴传播学理论，还未建成自有的独立体系。在主持人群体越来越大，节目主持需求越来越强烈的今天，学界更需要积极发展属于主持人的独立的理论体系，以指导新媒体时代的播音主持业务实践。1982年1月，著名播音教育家张颂为推动播音专业教育的发展发出的"研究播音理论"是一项紧迫任务的呼吁，在新媒体时代的今天，不仅要继续完善播音理论，还要加大对主持传播理论的关注和研究。[①]

---

① 梁亚宁.融媒体时代播音与主持艺术发展策略[M].长春：吉林大学出版社，2018.

（三）提升中国播音学

中国播音学是我国播音主持学科的核心，也是我国独有的一笔宝贵的财富。中国播音学成熟于广播电视事业快速发展时期，具有明显的中国特色，是我国广播电视工作者和专家学者总结下来的精华。随着时代的发展，中国播音学也要在原基础上不断丰富、不断革新。中国播音学独具艺术性，最初的理论汲取话剧、声乐、戏曲等众多民族艺术的理论精华，基本脉络大体分为五个部分：学科导论、发音与发声、创作与表达、广播播音与主持、电视播音与主持。随着媒介壁垒逐渐被打破，广播播音和主持与电视播音和主持这种以媒介来划分的体系形式需要进行革新与提升，随着信息传播越来越多元化，发音与发声、创作与表达等理论也须加入更多时代的元素。提升中国播音学理论水平，使中国特有的、独具艺术性的播音理论与新媒体时代瞬息万变的信息传播发展结合起来，建立出独具中国特色的、可持续发展的中国播音主持艺术学科体系。

在媒介融合的背景下，播音主持艺术专业的学科定位只有以艺术学为起点，融合传播学的视角，进一步加强与广播电视学的交叉与融合，明确播音主持艺术专业的艺术性与其传播属性之间的关联，才能获得更开阔的视野。新时代我国播音与主持艺术专业应站在传播学与艺术学视角下进行重新定位，融合多学科的精华，建立以中国播音学、言语沟通学和主持传播学三大学科理论为基础的播音与主持传播艺术学科理论体系。

二、拓宽目标格局

1999 年教育部对 1998 年颁布的《普通高等学校专业设置管理规定》进行了修订，其中在总则第一章第二条明确指出："高等学校的专业设置和调整，应适应国家经济建设科技进步和社会发展的需要，遵循教育规律。"

新媒体时代是多元化的时代，高校播音与主持艺术专业应紧跟媒介时代的发展，从单一地面向传统广播电视业的培养目标上挣脱出来，积极培养适合新传媒时代的融合型播音与主持艺术专业复合型传媒人才。

（一）专业发展的自身需求

播音与主持艺术专业发展呈现出的多重矛盾，早已引起了学界和业界的高度关注。不少专家学者一再呼吁要缩减播音与主持专业的办学规模。一方面在于当前播音与主持教育资源严重短缺，无法承载如此庞大的招生规模；另一方面是业界对播音与主持专业人才在数量上的需求渐趋饱和，应缩小专业规模，集中力量培养更多高质量的精英主持人。

然而，对播音与主持专业进行规模性的"节流"只是"治标之策"，难以解决长远发展的问题，要使播音主持专业教育实现可持续发展，必须进行网络化"开源"的改革，拓宽专业培养格局才是"治本之方"。

把目光投向海外，在欧美等发达国家学科研究高度细化的背景下，也没有设置独立的播音与主持专业，而是在口语传播专业或演讲与口才专业下培养此类人才。培养目标定位于培养具备表达、思辨、人际互动、冲突解决、演讲口才、文化包容等沟通能力的专业人才，培养范围极为广泛。

（二）融合媒介平台的人才需求

专业培养格局亟须拓宽，新媒体时代的到来给我国播音与主持艺术专业提供了发展的可能。新媒体时代，网络主持人的需求急剧上升，除了综合门户网站主持人、专业视频分享网站主持人、IPTV 主持人、互联网电视主持人、手机电视主持人外，还有各式各样的自媒体主持人。这些主持人一般没有经过专业化的培养，主持人素质参差不齐，在多元个性充分展现的同时也极为需要专业上的"规范化"。这种对专业性的需求就为播音与主持艺术专业的发展提供了极大的可能。针对新媒体主持人的理论建设、人才培养、专业设置成了播音与主持艺术专业未来发展的一大方向。

三、转变人才培养理念

媒介融合的实质是媒介壁垒打破带来的内容、组织、网络、规制、终端的融合。事实上，媒介形式在媒介融合过程中不断突破、不断创新，播音主持专业人才培养改革的突破点就在于培养出可以跨越不同媒介平台、突破各种媒介形式限制进行高质量内容生产的语言传播工作者。

（一）传统播音的二次创作

国内国外对主持人的理解并不相同，我国播音主持事业的发展伴随着各项事业的发展成长，特殊的工作性质与历史任务使播音员、主持人从一开始就具有"专岗化"的特点。传统播音的二次创作，指的是创作主体站在媒体的立场，在文字稿件基础之上进行的观察、体验、分析、综合，以及加工提炼，经过艺术构想，最终以有声语言加以表现的创造性劳动。二次创作突出的是对语言的艺术性创造，比如其中强调的"三性"包括规范性、庄重性、鼓动性，"三感"包括时代感、分寸感、亲切感。当然，传统播音教育也有针对"即兴表达"的一次创作的培养，包括了现场口头报道和即兴评述等"口语播音"的课程。但是在实际教学的过程中，基于有稿播音的培养仍然是教学上比重最大的一部分，在课程设置上除即兴口语表达和播音创作基础外，针对"声音"艺术化表达的培养的课程至少有四门。

（二）全能主持的内容生产

新媒体时代内容生产流程越来越简化，要求播音员、主持人必须具备全方位信息产制的能力，并作为主导节目的灵魂出现，彰显出特有的个人魅力。我国现在的播音主持专业教育人才培养在理念上侧重"声音"艺术化表达的培训，而把主持人在内容生产流程中全方位的产控能力放到了次要位置。

四、完善教学环节

（一）专业文化培养环节

1. 以专业文化知识为主的培养

无论媒介时代如何发展变化，媒介形式和传播如何革新，内容还是传播过程中的核心要素。在"内容为王"的时代，主持人只有在自己主持的节目内容方面具备专业化的知识，才能引起受众的关注，赢得受众的尊重和信任，从而取得良好的传播效果。新媒体时代信息传播者细分化更要求主持人要走专业化道路。可惜大部分这一类型的主持人并不出自播音与主持艺术专业，这不禁让人们反思现今的播音主持艺术专业教育，同时也为播音主持艺术专业人才培养的改革指明了道路。

因此，在融合媒体时代，不仅要保持播音与主持艺术专业一贯重视文学艺术素质培养的课程设置特色，更应该根据学生不同的兴趣，加大各种不同类型的专业选修课的开设，如经济学、教育学、心理学等系列化选修课程，尤其需要鼓励学生选定特定一个领域的文化方向进行习读，提高针对性。

2.综合知识援助平台的构建

随着媒介融合不断推进，主持人节目直播化的趋势越来越明显，节目制作流程越来越简单，这要求主持人在具备某一领域专业知识的同时，也要多方涉猎其他领域的知识，构建起多学科综合知识援助平台，包括文学、艺术学、传播学、社会学、政治学等诸多学科的基础知识，那么在面对日益简化的融合内容生产流程和交流互动日益增多的内容产制时，才能结合不同的语境和情况提供多角度即时的解读。

在此方面，可利用必读书目考核的形式展开，要求学生通读多领域学科的论著并完成考核报告，以获得相应学分。而这一系列的必读书目也可以由4～5个领域构成，设置多个形式的书单组合让学生自由选择偏重的知识门类，但必须覆盖到主要的社会学科，以培养学生的语言思维能力和对信息内容的延展能力。

（二）融媒素养培养环节

1.媒介素养：从单一传播到双向互动

高等教育对传媒人才的培养一直强调培育学生的媒介素养，在任何时代，媒介素养都应是一名合格传媒工作者的必备素质。在媒介发展瞬息万变、一日千里的大环境下，培养播音员、主持人这个"守门人"的媒介素养便显得尤为重要。媒介素养一般来说，指的是公众对于当前媒介时代发展的认识和关于媒介的知识，而对于传媒工作者和专业教育的主体则是指其对自己职业或专业的认识，和对当前媒介环境的理解及其表现出来的个人素质和职业素质。

新媒体时代是受众中心化的时代，也是人人都是主播的时代，要在自媒体时代体现出职业播音员、主持人特有的价值，必须要求其自身有独特的专业素质和把握媒介发展的能力。

这就要求高校在培养播音员、主持人的时候，在重视发声、语言表达等专业内容之外，更要把媒介素养教育课程的覆盖力稳步提升，增强学生在媒介信息的选择、媒介理解与质疑评估等方面的能力，把媒介素养的教育落到实处。

2.创新意识：从单一分工到自主生产

人们对于信息的接受能力是有限的，在多元信息充斥的海洋中筛选出有效信息并非易事，主持人必须在内容生产的过程中具备创新意识，生产出具有鲜明色彩的节目内容，这样才能吸引用户，在节目内容同质化严重的生产环境下一鸣惊人。

媒介融合下主持人的角色发生了变化，从单一的负责有声语言表达的采编播"合作形"主持人，转变成负责全方位信息产控的采编播"合一型"主持人。作为节目的"把关人"和"舆论领袖"，主持人必须在节目中不断创新，这样才能生产出质优形美的品牌节目。

3.品牌素质：从平台宣传到个人品牌

新媒体时代媒介平台逐渐多元化，受众可以全方位地接触播音员、主持人生活的方方面面，只需要打开微博、播客等平台就可以知道主持人的最新动态。过去将节目收视率作为标准的评判十分模糊，而今天对主持人的评判变得具体而真实，粉丝量、评论数、转发量，每一个数字都代表着主持人的影响力，主持人除了打造媒体品牌外，还需利用各种自媒体平台打造个人品牌，增强自身影响力和话语力。

"品牌"本身是一个市场化的概念，在第一媒介时代，话语权掌握在传媒集团手中，主持人只能依赖传统媒介平台进行宣传，在打造媒体品牌的同时宣传个人品牌。但是在受众中心化的时代，信息传播就像一个庞大的市场，主持人自身只有把自己当作一个品牌来经营才能在媒体品牌和个人品牌中形成良性的互动和循环。

如何提高播音与主持专业学生的品牌打造能力？可以从以下三个方面入手：

一是精准的个性化定位。高等学校应该在培养人才阶段就鼓励学生积极寻找自我的个性化定位，专业教师需充分接触学生，因材施教，在教学中充分挖掘学生的个性化特质，学生也需在具体的媒体实践中开发个性。

二是独特的表达方式。在明确自己的个性化定位之后，就需要按照自己明确的方向进行语言特色和语言风格的打造，让自己成为一个无法被别人复制的语言符号，这部分环节是学生自主学习的阶段。

三是个人独立表达空间。个人可以通过新媒介等手段，比如微博、微信公众号、博客等平台打造个人品牌，亲近群众。在校期间，教师应该多运用媒介手段设置相关教学任务，让学生通过多媒体手段在自媒体平台上持续发布个人作品，尝试聚拢人气，逐步培养个人品牌意识。

4. 主体意识：从依靠平台到争占平台

开放式的传播环境要求专业传媒工作者有更高的主体意识。自媒体时代，传播渠道不再紧紧地拴在传媒集团的手中，媒体作为一种公器，可以被大多数人所运用。作为专业的传媒人，应该比一般群众更具有媒介主体意识，而作为信息传播"守门人"的专业播音员和主持人，主体意识应更为强烈。

新媒体时代的一切都处在变化发展之中，技术的更迭、媒介的交替。大至社会文化层面，小至每个人的日常生活起居，都被深深地打上了融合的烙印。这是一个多元化、网络化、数字化、碎片化的信息社会。科学技术是第一生产力，信息传播的方式、形式、特征随着技术的发展不断被赋予新的内涵，经济、政治、文化、社会都因此发生着重大的变革。媒介发展直接对各行各业的人才提出了更高的要求，传媒人才首当其冲。

随着媒介时代的不断发展以及人们生活水平的不断提高，播音与主持艺术专业开始慢慢出现滞后的现象，在媒介壁垒逐渐模糊的今天，播音与主持学科理论亟须随着时代的变化而发展提升。

事实上，针对以上情况，有不少高校已经开始重视起对于新时代融合型播音员、主持人的培养。要培养出适合时代发展的播音员、主持人，必须从播音与主持艺术专业的学科入手，重新思考学科定位、培养目标、培养方向，突破传统广播电视格局的限制，切实把人才培养改革提到关系学科存危和发展的层面上来，动员全体播音与主持教育队伍的力量探索新的理论和框架，这样才能使独具中国特色的播音与主持艺术专业实现可持续发展。

参考文献

[1] 王元化. 王元化集 第 2 卷 文艺评论 [M]. 武汉：湖北教育出版社，2007.

[2] 张颂. 语言和谐艺术论 广播电视语言传播的品位与导向 [M]. 北京：中国传媒大学出版社，2009.

[3] 张颂. 播音主持艺术论 [M]. 北京：中国传媒大学出版社，2009.

[4] 张涵. 播音主持语音发声训练教程 [M]. 北京：中国传媒大学出版社，2016.

[5] 赵鹏. 播音员主持人语音发声实用教程 第 1 版 [M]. 北京：中国国际广播出版社，2022.

[6] 梁亚宁. 融媒体时代播音与主持艺术发展策略 [M]. 长春：吉林大学出版社，2018.

[7] 许成龙，杨帆. 播音主持艺术语音发声基础 [M]. 北京：中国广播影视出版社，2021.

[8] 马欣. 播音主持艺术语音及发声 [M]. 重庆：重庆大学出版社，2010.

[9] 吴弘毅. 播音主持艺术语音发声 [M]. 北京：中国广播电视出版社，2001.

[10] 顾瑞雪. 播音主持语音与发声艺术 [M]. 北京：中国传媒大学出版社，2018.

[11] 马晓璐. 融媒体视域下普通话语音和播音发声的教学改革实践探究 [J]. 新闻研究导刊，2022，13（11）：41-43.

[12] 赵睿芳，王虹凯. 直播时代"普通话语音与发声"线上培养路径探析 [J]. 作家天地，2022（5）：185-187.

[13] 张宇楠. 就业导向下播音主持专业语音发声教学研究 [J]. 传媒论坛，2021，4（12）：171-172.

[14] 许成龙. 关于播音主持艺术语音发声理论的几点思考——以几部主流播音主持语音发声教材为思考对象 [J]. 声屏世界，2020（16）：37-39.

[15] 邓亚楠. 关于高中播音主持课程开发与实践的几点思考 [J]. 新课程，2020（7）：29.

[16] 王丽.筑"创"立骨，从"实"而构——高校播音主持语音与发声课创新创业教学研究 [J].今传媒，2018，26（8）：141-143.

[17] 李媛媛.新形势下播音与主持专业《语音与发声》课程改革创新模式探究 [J].戏剧之家，2017（17）：197.

[18] 王钊熠.播音与主持艺术专业课程模块式教学法初探——以《普通话语音与播音发声》课程 [J].知识文库，2017（10）：233.

[19] 冯媛媛.新媒体语境下《语音与发声》课程教学改革创新研究 [J].开封教育学院学报，2017，37（5）：85-86.

[20] 阿衣加马力·阿曼吐尔.对播音主持的语音问题处理研究 [J].新闻研究导刊，2016，7（4）：161.

[21] 孙羽.人工智能技术在播音主持行业应用影响因素研究 [D].长春：东北师范大学，2021.

[22] 叶上上.论播音主持语言创作"说话"的实质 [D].乌鲁木齐：新疆艺术学院，2021.

[23] 成越洋.播音与主持艺术专业的学科定位与学科建构研究 [D].西安：陕西师范大学，2020.

[24] 陈彦宏.艺考《语音与发声》课程项目化教学实践探索 [D].扬州：扬州大学，2020.

[25] 满丽.新疆高校播音主持专业人才培养模式学生评价研究 [D].乌鲁木齐：新疆大学，2017.

[26] 郭琦.全媒体时代评论型主持人培养模式研究 [D].兰州：西北师范大学，2017.

[27] 熊川.中学语文教学中语言表达训练融入大学播音主持专业教学手段的可行性初探 [D].武汉：师范大学，2017.

[28] 张墨飞.汉英双语播音主持人才素质研究 [D].北京：中国社会科学院研究生院，2016.

[29] 王阳阳.试论播音主持与声乐表演的角色转换 [D].福州：福建师范大学，2014.

[30] 高国庆.播音员主持人语言影响力研究 [D].太原：山西大学，2014.